Kathrin Rüegg

meinen Augen

Tessiner Bild-Tagebuch

Albert Müller Verlag
Rüschlikon-Zürich · Stuttgart · Wien

Für Susi und Heidi
Für Gabi und Chico
Für Martin und Barbara
Für Marco, Paul und Regula

damit sie wissen, dass
ich ihnen den Daumen halte

Die geographischen sowie die Eigennamen wurden zum Teil geändert – so wie sie in meinen Büchern stehen.
Um dem interessierten Leser die Suche zu erleichtern: das Acquaverdetal ist das Verzascatal im Tessin (Schweiz).

2. Auflage 1987

 – ISBN 3-275-00774-2. – 51/56-87. – Printed in Switzerland.

Layout und Schutzumschlag: Rolf Kleinschnittger
Lithos: Fotolitho Neuenhof
Satz: Zobrist & Hof AG
Druck: Jordi AG
Bucheinband: Großbuchbinderei Schumacher AG

Bildnachweis

Faul-Symmer, Erika: Seite 38, 39, 57, 58, 154
Freitag, Paul: Seite 46/47, 56, 76, 92, 93, 102, 134, 137 unten, 138, 142
Garbani, Marco: Seite 34, 36, 41, 63, 87, 128
Grieder, H. J.: Seite 18, 24, 51, 110, 132, 139, 181, 183, 184
Gugelmann, John: Seite 90 oben
Hirt, Beat: Seite 17, 45, 59, 77, 79, 90 unten
Jacana-Explorer: Seite 157
Kleinschnittger, Rolf: Seite 2/3, 4, 20, 21, 27, 29, 31, 33, 42, 43, 49, 54, 55, 61, 62, 65, 66, 68/69, 72, 74, 81, 82, 86, 95, 96, 97, 98, 99, 101, 103, 136, 137 oben, 144, 147, 149, 151, 153, 156, 159, 166, 167, 174, 175, 177, 178, 179, 182, 186/187 und Schutzumschlag
Ols: Seite 162, 163
Perozzi, Bruno: Seite 122/123
Polman, Jan-Willem: Seite 190
Rüegg, Kathrin: Seite 11, 13, 15, 16, 19, 23, 52, 53, 104, 111, 113, 118, 119, 120, 124, 127, 145, 168, 169, 170, 172
Rüegger-Müller, Pitt: Seite 8, 25, 48, 114/115, 140, 158
Ruge, Detlef: Seite 165
Schnyder, Eva: Portrait Schutzumschlag
Stromer, Michael: Seite 173
Widmer, Helen: Seite 32, 35, 106/107, 108, 109, 125 oben und unten

Inhaltsverzeichnis

Eine Vorgeschichte

◁ *Winzig kleine Wunderwelt am Wege, es braucht bloß die Augen, um sie zu sehen.*

Anfangs Februar neunzehnhunderteinundachtzig. Früher Morgen in Zürich. Die Wolken hängen tief über dem See. Eine blutarme Sonne versucht mühsam, ein bißchen Farbe in die Landschaft zu bringen, die aus weißen Konturen am grauen Himmel, schwarzen Baumgerippen, hellgrauen Häusern, dem bleigrauen Wasser des Sees besteht.

Aufgeweichter, bräunlicher Schneematsch säumt die Straßen, dringt in meine Schuhe. Ich ertaste mit jedem Schritt meinen Weg, um nicht auszugleiten. Meine dicken, gefütterten Bauern-Gummistiefel wären auch hier zweckmäßiger gewesen. Aber nicht unbedingt passend zu meinem für meine Begriffe recht städtischen Kleid. Jenes, das ich, wenn ich heimkommen werde, sofort ausziehe und zuhinterst in den Schrank hänge.

Ich fahre ein paar Stationen weit mit der Bahn. Die Leute verstecken ihre Gesichter hinter Zeitungen, deren Schlagzeilen alle ähnlich lauten: Terror, Streik, Krawalle, Teuerung, Arbeitslosigkeit. Daß eine Grippewelle durch die Schweiz zieht, ist die harmloseste Neuigkeit.

Im Verlag werde ich mit jenem kollegialen Ton empfangen, den ich so gerne mag, weil er mich an zu Hause erinnert.

In einem der Büros sind etliche Stühle in einer Reihe aufgestellt. Ein Projektionsapparat, ein paar gefüllte Diapositivkassetten stehen inmitten von Papieren, überquellenden Aschenbechern, Kaffeetassen, einer Schachtel mit Fotos.

An der Wand ist, Büroordner verdeckend, eine Leinwand aufgespannt.

Unsere Absicht ist es nun, die Fotos meiner Freunde und auch meine eigenen durchzusehen, um abzuklären, ob sich daraus ein Bildband über unser Leben im Acquavertal machen ließe. Unklar ist noch, welchen roten Faden ich diesem Band geben

▷ *Unter dem Baum sitzen, den Rücken an den Stamm lehnen und schauen …*

will, welches Leitmotiv sozusagen. Ob es die Landschaft sein soll? Oder die Menschen? Oder Menschen und Tiere? Oder die Jahreszeiten? Oder alles zusammen?
Ich lasse den Roll-Laden vor dem Fenster herunter, schließe damit das Licht der sich immer noch gegen die Wolken wehrenden Sonne ganz aus dem Raum. Die Lampe des Projektors wird eingeschaltet. Auf der Leinwand leuchtet das Bild einiger Birkenblätter vor einem strahlend blauen Himmel auf.
Eine Stimme sagt:
«Nein, nichtssagend, weglegen. Nächstes Bild bitte.»
Ein kahler Baum steht auf einer Anhöhe in einer in warmen Brauntönen leuchtenden Landschaft über dem silbernen Fluß, der sich im Dunst verliert.
«Schade, wäre schön, ist aber unscharf und überbelichtet. Nächstes Bild bitte.»
Ein Gewirr von Blättern und kirschenartigen Früchten, die wie Lämpchen an den Zweigen glühen.
«Wollen wir ein Botanikbuch machen? Lieber nicht. Nächstes Bild bitte.»
Die Urteile und Ansichten, die da von allen Seiten auf mich zukommen, sind berechtigt, wenn man die einzelnen Bilder bloß unbeteiligt betrachtet.
Aber das, was beim Baum-Bild überbelichtet scheint, ist der Rauch eines herbstlichen Kartoffelfeuers. Und zum Birkenblätter-Bild ist zu sagen, daß Wolle, die man im Juni mit den frischgrünen Birkenblättern färbt, genau so goldgelb wird, wie das Herbstlaub dieses Baumes, das in der Sonne flimmert.
Und die Früchte der Kornelkirsche, die haben bei uns allerhand Folgen gezeitigt. Aber man muß die Geschichte dazu kennen.
Wenn ich diese Bilder mit *meinen* Augen anschaue, dann ist mit jedem eine Ge-

schichte, eine Idee, eine Erinnerung verknüpft.
Wie viele meiner Leser haben mich schon um Fotos gebeten. Von unserem Häuschen, von den Tieren, vom Dorf, vom Fluß. Was ich dir hier nun vorlegen will, lieber Leser, ist nicht das Bildbuch eines Meisterfotografen, sondern ein Gang durch meine Erinnerungen, auch durch unser tägliches Leben, mit der Hilfe von Fotos. Ich möchte dich bei der Hand nehmen, hie und da auf eine ganz kleine Kleinigkeit hinweisen, hinter der die Größe der Schöpfung oder ein beglückender Augenblick oder der freundliche Charakterzug eines Menschen oder auch eines Tieres sichtbar wird.
Denn meine Welt, mit meinen Augen betrachtet, ist schön. Wohl gibt es auch die weniger schönen, auch die häßlichen Seiten. Ich halte es aber nicht für meine Aufgabe, jene ans Licht zu zerren. Vielmehr soll jeder, der mich nun durch dieses Bild-Lesebuch begleitet, sich mit mir freuen an dem, was schön ist. So wie man sich im dicksten, feuchtesten Novembernebel an einem mit roten Beeren behangenen Dornbusch freuen kann.
Vielleicht lernt mein Begleiter dabei, mit *seinen* Augen auch auf die Schönheiten am Wege *seines* Alltags zu achten – und damit sich glücklich zu fühlen in einer Welt, wo Glück und Zufriedenheit immer rarer werden. Hierzu den Ansporn zu geben, soll also der rote Faden dieses Buches sein.

▷ *Der «Monte Valdo» erwacht. Michelangelos Regentraufen sind zur Montage bereit. Ich habe Waschtag.*

Erinnerungen an den «Monte Valdo»

▷ *Irgendeine Vernissage ... in meinem früheren Geschäft.*

Jeder, der schon einmal in einer Schachtel mit Fotografien gekramt hat, weiß es: längst dem Gedächtnis entschwundene Episoden, beinahe vergessene Menschen, alle sind sie wieder da. Ich frage mich, was das für ein Kind ist mit den langen Zöpfen, das dem Lämmchen das Milchfläschchen hält – und erinnere mich dann, daß das Kind nun eben eine junge Dame geworden ist. Dann taucht auch unweigerlich jener Gedanke auf, daß man sich viel mehr Rechenschaft gibt wie schnell die Zeit vergeht, wenn man sie am Erwachsen-Werden von Kindern mißt, die man – «warte mal, das sind doch bloß zwei, drei Jährchen her» – erst noch aufs Töpfchen gesetzt hat.

Ja, ja, die Zeit vergeht. Vergeht sie wirklich? Sind nicht wir es, die vergehen?

Vielleicht ist älter werden in der Stadt schwieriger. Beschwerlicher ist es wohl hier. Aber wenn man in und mit der Natur lebt, sind Werden, Wachsen, Blühen, Welken so natürlich, daß die Idee, sich gegen diese Naturgesetze zu stellen, gar nicht erst keimt. Nur: sein Nest wärmer polstern sollte man können, wenn man älter wird und – vor allem – wenn rheumatische Schmerzen jeden Schritt zur Qual werden lassen.

Kaum zehn Jahre überspannt der Bogen der Erinnerungen, die in mir beim Betrachten dieser Bilder wach werden. Bloß zehn Jahre – und doch. Gemessen an der Zahl der Abenteuer, Fehlschläge, Glücksfälle, an der Anzahl der Menschen, die in dieser Zeit meine Weggefährten waren: mein Erntewagen ist bis obenauf gefüllt. Enttäuschungen gab es. Und nicht zu knapp ... aber vergessen wir sie – mitsamt jenen, die sie bereiteten.

Die Fotos sind kunterbunt durcheinander geraten. Da ist Marco, der mit seinem Traktor nach Cortino fährt. Da ist Michelangelo, die Pfeife im Mund, der stolz seinen

BOTTEWAGE

◁ *Kostbares Porzellan und Glas, antike Möbel …*

▷ *… und jetzt handgesponnene Wolle im Lädeli, das einst ein Stall war.*

soeben fertiggestellten Wasserspeier vorzeigt. Hier steckt Susi im tiefen Schnee … Wie soll ich all die Bilder ordnen?
Entschuldigung. Heidi ruft mich. Ein Schaf im großen Stall kann nicht gebären. Fotoschachtel zu, Schreibmaschine drauf, damit die Katzen sich nicht auf ihre Art mit den Bildern beschäftigen. Öl einpacken, Desinfektionsmittel.
Leser, wenn du mit mir kommen willst, brauchst du gutes Schuhwerk, Kleider, die schmutzig werden und nach Schäflein riechen dürfen.
Auf dem Weg zum Stall überlege ich mir zwei Dinge gleichzeitig: Was mache ich mit der Schafmama, wenn wirklich, wie Heidi behauptet, vier Beinchen gleichzeitig sichtbar sind? Und dann weiß ich nun auch, welche Bilder ich an den Anfang des Berichtes über mein Leben im Acquaverdetal stelle: diejenigen vom Ende meines Lebens in der Stadt nämlich. Der Kontrast ist's, der

Begreiflich, daß Michelangelo stolz auf seinen Wasserspeier ist.

Bona, das Kaffeebohnenhündchen, wohlgeborgen in Michelangelos Armen. Kunststück, er hat sie verwöhnt.

◁ *Fritzli öffnet die Türe. Vielleicht um dich, lieber Leser, hereinzubitten.*

▷ *Wer wünschte sich nicht eine derartige Schreibkraft?*

mich zum Schmunzeln bringt. Kann man sich die Dame mit den Ohrgehängen, mit dem leisen Lächeln im Gesicht, im Mist kniend, Bäume rodend vorstellen? Und das Geschäft, angefüllt mit Kostbarkeiten, vergleichen mit dem Dorfladen im ehemaligen Stall, ohne Schaufenster, wo Brot, Heidelbeeren, Salami, Honig und Schafwolle verkauft werden?
Anstelle von anspruchsvollen Kunden und Kundinnen bediene ich heute im Lädeli Bauernfrauen und Touristen, zu Hause hungrige Helfer, im Stall Kaninchen und Hühner, öffne ich die Türe meines Hauses Hunden und Katzen. Die weiße Tintin will hereinkommen, der staubgraue Fluffi möchte raus, der rote Fritzli öffnet wohl die Türe selbst, indem er zu der Klinke hochspringt. Wie er sie auch schließen könnte, das hat er noch nicht herausgefunden. Schnurrli sitzt, während ich diese Zeilen schreibe, auf meinem Schoß und tut was

Kleine Welt
im Tessin
Nach jedem Winter
KATHRIN

▷ *Die Monte-Valdo-Küche im Freien: Kochen auf dem Brunnentrog, Abwasch auf der Stalltreppe. Im Hintergrund der Zisternenbrunnen.*

wohl? Er schnurrt. Dann setzt er sich an die Seite der Schreibmaschine und hascht mit dem Pfötchen nach den Typen. Da haben wir die Bescherung. Das b klemmt!
Mein Hund Bona liegt wie immer auf dem Diwan und schläft. Nein, sie schnarcht sehr undamenhaft – und sehr zufrieden. Bald wird sie neun Jahre alt sein. Ach, welch süßes Hundchen war sie doch. Und ich hatte mir vorgenommen, sie streng zu erziehen, ihr nur zu erlauben, im Haus zusammen mit ihrem Bruder Grano brav im Körbchen zu sitzen. Aber wie wollte ich mit den Hunden streng sein, wenn Michelangelo den beiden hinter meinem Rücken alles, aber gar alles erlaubte? Ich höre jetzt noch sein brüllendes Gelächter, wenn ich Haushaltgeräte wie Handbesen, Schneeschläger, Kaffeemühle, Geschirrlappen, Pfannenputzer täglich etliche Male im ganzen farnüberwucherten Weinberg suchen mußte. Auch unsere Monte-Valdo-Küche mußte für junge Hunde ein Eldorado sein. Mir fällt es aber erst jetzt auf. Während des ganzen langen, heißen Sommers, da ich auf der Treppe kochte, haben sie mir nie eine Tasse oder einen Teller zerschlagen.
Eine Treppe als Küche. Wie wenig Komfort braucht es doch, um leben zu können. Wenig und doch viel. Wasser nämlich. Wenn ich an meine Zeit auf dem Monte Valdo zurückdenke, vielleicht sogar ein bißchen wehmütig werde ... ohne Wasser zu leben, das weiß ich jetzt, ist sehr, sehr schwer. Und dann das Gefühl der Erleichterung, als wir die Quelle fanden. Und die Enttäuschung, als sie wieder versiegte.
Ich überlege mir heute, ob es nicht unsere hohe Wertschätzung des Wassers war, die Michelangelo dazu führte, mit Blechschere und Lötlampe den hübschen Wasserspeier zu basteln. Wenigstens Regenwasser wurde so im geziemenden Rahmen empfangen und aufgefangen.

◁ *Die Monte Valdo-Küche im Haus. Michelangelo bereitet Granos und Bonas Mahlzeit.*

▽ *Raclette mit Formagella grassa. Schmeckt vorzüglich!*

▷ *So sieht es nun aus im Monte Valdo Feriendorf!*

Beim Betrachten jenes Bildes taucht noch eine ganz andere Erinnerung auf: Weshalb trug Michelangelo damals die Haare so kurz und darüber dieses Käppchen?
Ach Gott, jenes Entsetzen! Er hauste damals allein auf dem Valdo, weil ich infolge eines Einrichtungsauftrages in der deutschen Schweiz war. Eines Tages entschloß er sich, seine Haare zu waschen. Die gefüllte Regenwasserzisterne erlaubte dies in jenem Moment. Shampoo hatte er keines. Er nahm kurzerhand Waschpulver. Seine schwarzen Haare wurden davon zwar nicht weiß – aber sie fielen ihm aus. Samt und sonders. Er hatte sie schön gebündelt zur Erinnerung in ein Stück Zeitungspapier gewickelt. Ich lachte Tränen deswegen.
Zum Nachtessen hatte sich Michelangelo am Tag meiner Heimkehr ein ganz besonderes Menu ausgedacht: Fondue auf seine Art. Er hatte mir längst abgeguckt, wie ein Käsefondue zubereitet wird: man gibt grob geriebenen Greyerzer- und Emmentalerkäse in warmen Weißwein, rührt, bis die Masse aufkocht, fügt zum Binden in Kirschwasser aufgelöstes Maismehl und als Gewürz Pfeffer, Muskat und Knoblauch bei. Sein Fondue (er sagte Fondù) bestand zur Hälfte aus sämtlichen verfügbaren Käseresten, zur andern Hälfte aus Gorgonzola-Käse und etwas Undefinierbarem, das wie große weichgekochte Reiskörner aussah. Der Geschmack war gar nicht übel. Übel wurde mir aber, als er mir auseinandersetzte, woraus die «Reiskörner» bestanden: im Gorgonzola waren so viele Fliegenmaden gewesen, daß er es als hygienischer befunden hatte, den Käse samt Inhalt zu kochen. Hitze desinfiziere! Und anstatt Kirsch habe er Grappa genommen. Der desinfiziere auch.
Salute! Das heißt schließlich Gesundheit.
Ja, Michelangelo. So wie mich viele Leser fragen, wo du geblieben bist, so frage ich

nun dich. Das letzte, was ich von dir hörte, war, du seist nach Italien gegangen. Wo immer du bist, ich wünsche dir Glück zu deinem unsteten Leben, das wohl nie und nirgends einen Ruhepunkt finden kann.

Der Frage nach Michelangelo folgt oft die Frage nach dem genauen Standort des Weilerchens, dem ich den Namen «Monte Valdo» gegeben habe. Wer meine Ortsbeschreibung zu Beginn des Buches «Kleine Welt im Tessin» aufmerksam genug liest, kann ihn finden. Noch einfacher wird das Ratespiel dank dieser Fotos.

Was mich freut: der Monte Valdo ist wirklich ein Feriendorf geworden. Ein Ehepaar hat das fertiggebracht, was ich als alleinstehende Frau mit der Hilfe eines Vagabunden nicht schaffte: Der Monte Valdo lebt wieder. Michelangelo ist's zu verdanken, daß das Dörfchen aus dem Schlaf erwachte – und nun wünsche ich diesem viele frohe Feriengäste und jenen das Vergnügen sonniger Tessiner Ferientage.

Hie und da – wenn mir die Ohren läuten – denke ich, daß jetzt wohl ein stadtmüder Mensch sich dort oben auf dem Liegestuhl räkelt, ein Buch zur Hand nimmt, es dann wieder beiseite legt und den Blick durch jene weite Runde schweifen läßt, die mich von jenem Tag an faszinierte, als Guido mich zum ersten Mal dorthin führte.

Monte Valdo: Glück deinen Bewohnern!

▷ *Auf dem Weg zur Weide. Wer will mitkommen?*

Ein Zwischenwort

Die Fotos aus meinem «früheren Leben» und diejenigen vom Monte Valdo habe ich also aus meiner Schachtel herausgelesen. Den ganzen Rest versuche ich nun nach Themen geordnet auf meinem Bett auszubreiten. Der Stubentisch eignet sich dazu nicht, weil ich ihn für die verschiedenen Tisch-Bedürfnisse meiner Hausgenossen doch immer wieder abräumen müßte. Ordnung in Fotos von neun Jahren zu bringen, ist keine einfache Aufgabe. Aber es kristallisieren sich doch nach und nach die Themen heraus:

die Landschaft, mit Hochwasser, Schnee und Waldbrand
die Leute
Susi, Heidi und Marco
die Tiere
die Katzen und Schafe

überall verstreut die «Geschichten-Bilder». Mein inneres Stimmchen bringt Kritiken an.

«Susi, Heidi und Marco sind auch Leute. Und Katzen und Schafe gehören auch zu den Tieren.»

«Schon», sage ich, «aber über Susi, Heidi und Marco und über Katzen und Schafe habe ich eben am meisten zu erzählen, von ihnen habe ich auch die besten Fotos.»

«Schwindel», sagt das innere Stimmchen. «Das sind die, die du am liebsten magst.»

Das innere Stimmchen hat recht.

Susi wird mit mir schelten, wenn sie sieht, daß ich Hunde und Esel nicht auch ins Lieblingstier-Kapitel einbezogen habe.

«Himmuplütter!»

(Das vorstehende grauenhafte Machtwort hat sie beim Abschreiben eingefügt.)

▷ *Die Brücke, die von nirgendwo nach nirgendwo führt, die in sich selbst ruht.*

Landschaft

◁ *Herbst: schönste Zeit im Jahr!*

△ *Friedhof von «Froda», Wiesen, die ich heuen durfte. Der Stall befindet sich genau gegenüber.*

Ich kenne sie nun seit bald zwanzig Jahren: diese Landschaft, geprägt in Stein, umspült von Wasser, eingehüllt im Grün der Vegetation oder überdeckt vom Schnee. Meine Augen müßten sie gewöhnt sein. Die Mühen, die sie mir zuweilen macht, sollten mich abgestumpft haben. Aber immer noch stehe ich da, schaue um mich, atme tief ein und – Und was?

Ich weiß nicht, wie lange ich nun vor der Schreibmaschine gesessen habe, wie lange ich in die Schneeflocken geschaut habe, die zögernd vom Himmel fallen, wie lange meine Augen dem Meislein gefolgt sind, das auf dem Fenstersims Kernchen pickte, während ich überlegte:
Soll ich sagen, diese Landschaft fasziniert mich?

Und nochmals die schönste Brücke der Welt.

Wasserfälle im Acquaverdetal. Hat einer sie schon gezählt?

Soll ich sagen, ich mag sie, weil sie so karg, wild, weil sie romantisch ist?
Soll ich sagen, sie nimmt mich gefangen, weil die alten Bäume, die krummen Häuser, das grüne Wasser, die rosenberankte Madonnine mir tausend Geschichten erzählen? Ich finde die Worte nicht, um auszudrükken, wie meine Augen die Landschaft des «Acquaverdetals» sehen. Viel besser können das Bilder tun. Laß dich also bei der Hand nehmen, lieber Leser, laß uns da beginnen, wo ich vor zwei Jahrzehnten meine Wanderung durchs Tal begann, die in «Froda» endete. Ich werde nicht sprechen. Du sollst dem Gemurmel des Wassers zuhören, sollst auf die Steine achten, wenn wir durchs Bachbett klettern, die würzige Luft riechen – ach, ich wünsch' dir einfach, daß du dabei so froh und zufrieden wie ich wirst.
«Nem» sagt man hier – oder «veng». Beides heißt: «Komm!»

Herbst – und eine Geschichte zu Fiorentes Bild

◁ *Braucht dieses Bild noch Erklärung?*

Je älter ich werde, desto mehr mag ich den Herbst.

Sich hinsetzen, milde Sonnenwärme in sich hineintrinken, ein paar Blumen zum bunten Strauß binden, zuschauen, wie der Wald sein Kleid täglich farbiger werden läßt.

Herbst. Rückblicken auf das Frühjahr, den Sommer. Nachdenken darüber, was ich richtig gemacht habe, wo ich Fehler beging.

Herbst. Wissen, daß der Winter kommt, der die Natur schlafen läßt, der Stille bringt.

Herbst. Stille. Sterben.

Am allerschönsten Herbsttag waren Susi und ich im Nachbardorf. Vormittags um zehn Uhr. Viele Leute sah man auf den Straßen, in den Gäßchen. Sie schwiegen, formten sich vor dem Haus mit dem schönsten Blumenschmuck, mit dem am ordentlichsten aufgerichteten Holzstoß, zu einem langen, langen Zug. Still war es. Die Stille paßte zur Landschaft. Zweimal schlug eine Glocke im Kirchturm an. Der Zug setzte sich in Bewegung. Wiederum zwei Glokkenschläge. Langsam, gesenkten Hauptes folgten die Leute dem mit Blumen bedeckten Sarg, in den sie Fiorente gebettet hatten.

«Fiorente ist tot», hatte ich gestern, den Telefonhörer zurücklegend, zu Susi gesagt.

«Fiorente war das liebste Mütterchen von Roviso», erklärte ich meinen übrigen Hausgenossen.

«Nein, Fiorente war die allerliebste Frau des ganzen Tessins», korrigierte mich Susi.

Und damit hat Susi recht.

Eine einfache Bauernfrau war sie. Sie hat vierzehn Kinder geboren. Sie hat jene schweren Zeiten noch miterlebt, wo den jungen Leuten des Tals kaum anderes übrig blieb, als nach Übersee auszuwandern.

Sie hat jene Zeiten miterlebt, wo Haushalten ohne jeglichen Komfort mit einer großen Kinderschar – eine halbe Tagesreise

Mein liebstes Bild von Fiorente.

Der Ort, wo wir von Fiorente Abschied nahmen.

weg vom nächsten Arzt – einen Riesenberg von Arbeit, eine Riesenlast von Sorgen mit sich bringen mußte.
Und trotzdem: in ihre Augen schauen, das war für mich wie ein bißchen in den Himmel schauen. Sie hatte Augen vom schönsten, reinsten Blau. Zum Glück hat sie sie vielen ihrer Kinder und Enkel vererbt.
Aber es war nicht die Farbe, die mir ans Herz rührte. Es war der Ausdruck. So viel Unvoreingenommenheit jedem Fremden gegenüber. Das war einmalig.
Kein Wunder also, daß der Trauerzug lang war, daß die Kirche gar nicht alle fassen konnte, die Fiorentes Sarg folgten. Susi und ich standen ganz zuhinterst neben der Tür an der Mauer. Neben uns war eine junge Frau, die bitterlich weinte. Auf dem Arm hielt sie ein etwa halbjähriges Kind, das in die Händchen patschte, vergnügte kleine Jauchzer von sich gab.
Von der Trauerzeremonie habe ich nicht viel mitbekommen. Ich versuchte, auf meine Weise Abschied von Fiorente zu nehmen, ihr zu danken. Die paar Tage, die ich bei ihr verbringen durfte, sind unvergeßlich. Erst war es, weil sie mich das Spinnen lehrte. Auf ihrem Spinnrad. Wobei sie mir aus ihrem reichen Leben erzählte. Dann war es, als ich ihr meine Schuld für die Spinnlektionen bezahlte: ich half ihr so lange beim Heuen, wie sie vorher Zeit für mich aufgewendet hatte. Ich denke, sie hat den Umgangston in ihrer Familie bestimmt.
So gemütlich und zufrieden, unterbrochen mit gelegentlichen Scherzworten, ging die Arbeit vor sich.
Und jetzt ist sie also nicht mehr. Aber – so überlege ich – in wie vielen Herzen lebt sie weiter. So wie ich mich an sie erinnere, denken noch viele andere an sie. Vorab ihre Kinder, ihre Enkel. Dann all jene, denen sie, wie mir, das Spinnen beigebracht hat.

Das Haus mit dem schönsten Blumenschmuck. Das Haus mit dem sorgfältig aufgerichteten Holzvorrat. Fiorentes Haus.

Ich höre ihre Stimme: «Streicheln mußt du die Wolle, lieb mit ihr sein ...»
Die Trauerfeierlichkeiten sind zu Ende, vier ihrer Enkelsöhne tragen sie zur letzten Ruhe. Die immer noch weinende Frau neben uns schließt sich dem Zug an. Sie dreht sich um, ich sehe in die Augen ihres Kindes, das mir lachend das Händchen entgegenstreckt: es hat blaue Augen, Augen von schönstem, reinstem Blau. Solche, in denen man glaubt, ein bißchen in den Himmel zu schauen ...

◁ *Addio Fiorente – e grazie.*

▷ *Gabi am Webstuhl.*

Sie spinnen und weben

Fiorente hat mir also das Spinnen beigebracht und mir damit einen seit vielen Jahren gehegten Wunsch erfüllt. Sie hat es zu einem Zeitpunkt getan, als die Welle des Interesses an dieser alten Handwerkskunst überhaupt noch nicht im Anrollen war.
Auch hier war es so: alte Frauen sah man am Spinnrad. Außer Carla und Nicoletta aus Roviso kannte ich aber kein einziges junges Mädchen, das diese einfache Kunst beherrschte.
In meinem Haus wurde es anders.
All die vielen Hausgenossinnen, die hier weilten und sich dafür interessierten, haben spinnen gelernt. Das, was Fiorente mir beibrachte, versuche ich weiterzugeben. Mir scheint, ich bin es ihr schuldig.
Was ich immer wieder aufs neue feststelle: Wer sich fürs Spinnen und Weben interessiert, hat eine gewisse gemeinsame Wellenlänge. Eine sympathische.
Zum Spinnen gehört als logische Folge das Weben. Die Baubewilligung zur Erstellung eines Webateliers habe ich immer noch nicht. Aber gewoben wird hier nun trotzdem.
Dank Gabi.
Gabi ist Deutschschweizerin, verheiratet mit Chico, einem Tessiner. Sie haben zwei kleine Kinder, lebten in der deutschen Schweiz. Ich war dabei, als Gabi mit all ihrem Charme, mit allen nur erdenklichen Argumenten, mit Schmeicheln und Hartnäckigkeit ihren Chico überredete, den Schritt zu uns ins Tal zu wagen.
Seit einem Jahr sind sie nun da. Sie haben das schier Unmögliche fertiggebracht, ein Häuschen zu finden, in dem sie bequem wohnen können. Und noch ein Häuschen zu finden, wo Chico für Gabi ein Webatelier einrichtete. Und dann noch einen Raum, der Chico als Bildhauerwerkstatt dient.
Gabi hat mit ihrer Webkunst dasselbe vor

▷ *Heidi am Spinnrad. Katze Fluffi Flum als Kontrolleur.*

wie ich mit dem von Fiorente Erlernten: weitergeben.
Wir hirnen und fragen nach einem geeigneten Kurslokal, werden – wir sind eben Optimisten – auch dieses Problem mit der Zeit lösen, auch wenn es momentan unlösbar scheint.
Ich höre es täglich im Botteghino:
«Kommt das von hier?»
Heute längst nicht alles. In ein paar Jahren aber hoffentlich. Gabis handgewebte Taschen, Chicos Arbeiten sind wiederum ein Schrittchen mehr in einer Richtung, die wir allen Hindernissen zum Trotz eingeschlagen haben. Die Töchterchen der beiden sollen, wenn sie es dereinst wollen, ihr Brot hier verdienen können.

Stricken, Sticken, Häkeln, Weben, könnte man es, wäre nicht zuerst einer, der den Faden zieht?

Birken – und meine Gedanken dazu

◁ *Eines der vielen liebenswerten Madönnchen am Wege in Froda. Wer hat die Rose gepflanzt?*

▽ *Der Dreiklang, der sich durchs Tal zieht: Wasser, Bäume, Berge.*

▷ *Man sollte es viel öfter tun: sich unter einen Baum legen und in den Himmel schauen.*

Wenn ich einmal alt bin ...
Es gibt eine Unmenge von Dingen, denen ich auf die Spur kommen möchte, doch fehlt mir noch die Muße dazu. Zum Beispiel möchte ich wissen, ob die Zeit, während der ein Baum Laub trägt, bei den verschiedenen Arten unterschiedlich lang ist. Auf diese Frage komme ich jeweils, wenn sich die Birken im Frühjahr als erste in grüne Schleier hüllen, im Herbst aber auch als erste ihr gelbes Kleid abwerfen. Gewiß ist dies für jemanden, der sich nicht besonders für die Vorgänge in der Natur interessiert, eine absolut nebensächliche Frage. Mich interessiert sie, weil ich dahinter den gewaltigen Plan der Schöpfung spüre. Die Birke folgt Gesetzen. Muß ihnen folgen. Nein, das ist falsch: darf ihnen folgen.
Wenn ich aus dem Muß ein Darf mache, wird mein Leben reich!
Wenn ich einmal alt bin, werde ich mir die entsprechenden Daten der Lebensdauer der Blätter notieren. Wird mir genügend Gesundheit geschenkt, dann werde ich dies während ein paar Jahren tun.
Ich werde, um bei der Birke zu bleiben, auch genau abgewogene Quantitäten von Blättern zum Kochen bringen, werde genau abgewogene Wollmengen damit färben und die verschiedenen Farbnuancen zu verschiedenen Vegetationszeiten dann vergleichen. Es wird immer ein jubelndes, lachendes Gelb sein. Aber es nimmt mich nun einmal wunder, die verschiedenen Gelbtöne nebeneinander zu sehen. Oder vielleicht immer genau dieselbe Farbe?
Wenn ich einmal alt bin, werde ich unser Tal durchwandern. Ich werde hinten beginnen. Abwärts, sanft abwärts geht sich's leichter. Vielleicht werden mich dann aber meine Füße nicht mehr tragen wollen. Dann bleibe ich eben, wo ich bin, und genieße mit Augen, Ohren, Nase und Haut

Onkel Arthurs Geheimrezept, um Schmetterlinge anzulocken: ein Stückchen Appenzeller-Käse in die Hand nehmen.

das, was ich von hier aus genießen kann. Wenn ich einmal alt bin, werde ich aber auch meine Gebote täglich lesen. Diejenigen, die ich seit meinem fünfzigsten Geburtstag notiere. Wenn ich sie mir selbst gebe, lassen sie sich vielleicht eher einhalten.

Der Gedanke dazu kam mir anläßlich eines der vielen Gespräche mit meinem nun fünfundachtzigjährigen Onkel Arthur.

Er war schon immer eigensinnig. Nun aber sind seine Sympathien und Antipathien, seine Wünsche und Vorstellungen derart festgefahren, daß er sich und den andern das Leben recht schwer macht.

Wie schwer wird es sein, sich im hohen Alter Toleranz gegenüber den Mitmenschen zu bewahren, wenn man seinen Charakter hat? Vielleicht weiß ich es einmal. Ich bin ja schließlich seine Nichte.

Und dann: Er kann sich kaum mehr freuen. Weder ein Kind, noch ein Tier, noch eine

Onkel Arthurs Geheimrezept, um Freundschaft mit Pierino zu schließen: ihm ein Gläschen Champagner offerieren.

Blume, noch ein gutes Essen, noch ein gutes Glas Wein, noch schöne Musik vermögen es, ihm einen Hauch von Glück oder auch nur etwas Zufriedenheit zu vermitteln.
Einzige Ausnahme: mein Esel Pierino bringt ihn noch zum Lächeln.
Überall und bei jedermann findet er etwas zu bekritteln. Dabei ist er – abgesehen von seiner sinkenden körperlichen Leistungsfähigkeit – gesund.
«Den Tag genießen und dankbar sein.»
Es macht mir seit jeher Spaß, Listen zu erstellen. Neugierig bin ich, wie die meinige in fünf, zehn Jahren aussehen wird. Diejenige mit den Dingen, die ich tun möchte. Diejenige mit den Geboten, was ich nicht tun darf.
Wenn ich einmal alt bin.
Ob ich es werde? Darüber mache ich mir keine Gedanken. Ich werde den Gesetzen der Schöpfung folgen wie die Birke …

Von akademischen Titeln im Acquaverdetal

◁ *Die Herren Doctores pik. Setzl. Marco und Paul.*

▽ *Frl. Dr. Brot back. Susi.*

In unserm Haus wird ein drolliger, bezeichnender Ausdruck verwendet für jemanden, der sich mit Feuereifer hinter eine Sache macht: «Er macht den Doktor.»
Wir belassen es aber nicht dabei, sondern erfinden noch genauer definierende akademische Grade dazu, um die Sache noch präziser zu umschreiben. So ist zum Beispiel Susi abwechslungsweise Dr. fütt. Fisch., Dr. Brot. back., eine Vorstufe davon ist der lic. rühr. Teig. Marco war bis vor kurzem Dr. Weg. spreng. Nun, da der Weg gemacht ist, Dr. Trakt. pfupf. Nach einem Zusatzstudium wird er Dr. Gmüs. pflanz., nein vorher noch Dr. Mist. transp. Für meine momentane Aufgabe aber, liebe Leser, da gibt es einen ganz besonderen, geheimnisvollen Titel. Ich mache momentan den Dr. h. b. (an den Setzer: bitte b nicht mit c verwechseln!).
Wie es dazu kam, muß ich ein bißchen ausholend beschreiben.

So sieht's aus, wenn Dr. Weg spreng. Marco bei der Arbeit ist.

Stolz zeigt uns Gualtiero seine Heidelbeer-stauden …

Vor etlichen Jahren hat der Berghilfefonds einer großen Detailhandelsfirma zwei Bauern unseres Tals Stauden von kanadischen Riesenheidelbeeren zur Verfügung gestellt. Diese gedeihen nur in kalkfreiem Boden – und den haben wir hier. Die Pflanzen wurden gehegt und gepflegt, brachten aber so kleine Ernten, daß die Plantagenbesitzer eher belächelt wurden.

Nun lächelt niemand mehr.

Die insgesamt mehr als fünfhundert Pflanzen sind über und über mit Früchten bedeckt. Laut der einschlägigen Literatur kann ein Strauch fünf bis zehn Kilogramm Ertrag liefern … Ich habe, eben um den Dr. h. b. zu machen, Literatur studiert über jene H-eidel-B-eeren.

Nun gibt es ein Problem: jenes des Absatzes nämlich.

Die Früchte werden jeden Morgen gepflückt. Dann bringt sie Gualtiero zu mir in unsern Botteghino – ins Lädeli. Zuerst

... und Susi prüft die Früchte auf ihren Geschmack.

Frl. Dr. fütt. Fisch. Susi.

waren es drei Kilogramm täglich, dann fünf, dann acht, dann fünfzehn. Am Tag, an dem mir Gualtiero zweiundzwanzig Kilogramm brachte, kam auch der andere Pflanzer, Claudio. Er brachte gleich zwölf Kilogramm mit und bat mich, auch seine Beeren zu verkaufen.
Wir haben hier eben weit und breit das einzige Ladengeschäft.
Gut, man könnte argumentieren, die Früchte sollten nach Locarno geliefert werden. Dies würde wieder eine Transportmöglichkeit bedingen. Einfacher ist es, den Käufer hier zu finden. Träume habe ich gehabt, von Heidelbeerstauden, Heidelbeerkörben, die über meinem Bett zusammenstürzten und mich in Heidelbeersaft ertrinken ließen. Darob erwachte ich und studierte weiter. Kam auf Heidelbeerkuchen und auf Heidelbeerkonfitüre. Möglicherweise auch noch auf Heidelbeersirup und Heidelbeeren in Heidelbeerschnaps.

▷ *Frl. Dr. schreib. Etik. Heidi, bewacht von Frau Dr. bell. kläff. Bona.*

Ich will mir meinen Dr. h. b. ehrlich und redlich verdienen.
Drei Aufgabenpunkte sind erfüllt: Verkauf von frischen Riesenheidelbeeren. Jeder Kunde, der zu mir ins Lädeli kommt, darf die Früchte versuchen. Sie sind beinahe kirschgroß, ihr Fleisch ist nicht blau, sondern weiß. Das hat den Vorteil, daß man weder blaue Zähne noch Lippen bekommt. (Das Ferienkind, das Milch und Brot bei mir kauft und jedesmal das Probierschüsselchen bis auf den Grund leert, weil es glaubt, ich merke es nicht, hätte sonst Heidelbeersaft bis hinter die Ohren.)
Punkt zwei: Beeren, die am Abend übrig bleiben, werden zu Konfitüren verarbeitet. Susi macht den Dr. Konf. koch., Heidi den Dr. Schreib. Etik. Wir backen Heidelbeertörtchen, wechseln dabei ab: einmal mit Blätterteig, einmal mit Zuckerteig. Gut sind beide Qualitäten. Und ich stehe hinterm Ladentisch und verkaufe, verkaufe.
Aber zum Verkaufen braucht es Kunden. Schaffe ich es noch, wenn Gualtiero mir in der nächsten Woche täglich vierzig, fünfzig, Claudio vielleicht gleichzeitig zwanzig, dreißig Kilo bringt? Ich habe mir geschworen, daß keine einzige Beere verderben darf.
So bin ich denn auf den Gedanken gekommen, dir, lieber Leser, meine Heidelbeerprobleme nahezubringen. Vielleicht bist du sowieso zufälligerweise im Tessin, vielleicht planst du ein Reislein, sei es mit der Bahn, sei es durch den Gotthard-Straßentunnel. Wenn schon: besuchst du mich dann im «Acquaverdetal»? Schöner als im September und Oktober ist es hier nie – und Riesenheidelbeeren gibt es, soviel ich weiß, in solcher Qualität nur hier. Erika hat den Dr. phot. h. b. gemacht, um dir Gualtiero und seine Beeren auch noch im Bild zu zeigen. Auf Wiedersehen bei den Heidelbeeren!

Wo die Schweiz nicht kaputtgehen will

◁ *Daran dürfen wir uns nicht gewöhnen.*

▽ *Balkone, geschmückt mit Geranien, Begonien, Fuchsien.*

Manchmal ist es schwer, Mensch mit einer normalen, keineswegs überdurchschnittlichen Intelligenz zu sein, die Reaktion anderer normaler Menschen auf gewisse Vorgänge zu sehen und zu erfahren – und dann nicht zu verzweifeln!

Da war letzthin in einer schweizerischen Wochenzeitschrift ein Bericht, betitelt «Wo die Schweiz kaputtgeht». Ruinen alter Häuser, verwilderte Gärten, ein paar alte Leute, um eine Petrollampe geschart. Berichte über die Abwanderung. Statistiken: «In unserem Dorf wohnten anno 1591 550 Einwohner, 1741 gab es noch 50 Familien mit 280 Personen. 1900 war die Zahl auf 196 gesunken. Den Tiefststand mit 42 Einwohnern erreichte die Gemeinde 1970.»

Ob es heute wieder mehr sind, geht aus jenem Bericht nicht hervor. Ich wage es aber zu bezweifeln. Jenes Dorf soll mit einem Kostenaufwand von mehreren Millionen Franken renoviert und saniert werden. Die Häuser sind klein, eng aneinander gebaut, einer schaut dem andern in die Suppe – wären der eine und andere mitsamt Suppe überhaupt da. Jene Geldhilfe kommt von außen. Sie bringt wohl gereinigte Abwässer, hübsch renovierte Fassaden, ein malerisches Dorfbild – aber keine Arbeitsmöglichkeiten für junge Leute. Warten wir es ab, schauen wir in zehn, zwölf Jahren nach, ob das Ganze nicht ein Museum für fotografierende Touristen geworden ist. Wie gern hätte ich unrecht.

Es gibt aber auch ein anderes Dorf. Auch im Acquaverdetal. Eines, das sein Entvölkerungsproblem auf ganz andere Weise anzupacken versucht. Darüber ist bis jetzt kaum berichtet worden. Darum mache ich es hier und jetzt.

Schon bei meiner allerersten Wanderung vor langer Zeit, als ich das Acquaverdetal entdeckte, fiel mir in Briana (das eigentlich ein bißchen anders heißt) etliches auf: Das

Ein wehrhaftes Schlößchen. Man sieht es zwar auf dem Bild nicht, aber an seinen Fassaden sind drei Sonnenuhren: je eine nach Osten, Süden, Westen. Wer war es, der sich diese genaue Zeitmessung wünschte?

◁ *Welche Freude, dieses duftige Fresko zu entdecken.*

▷ *Das Dorf, das leben will – und es kann.*

mit vier Ecktürmen und einer Mauer bewehrte Schlößchen, an dessen Südfront drei Sonnenuhren die Zeit messen, die Kirche mit dem Christophorusbild, mit den duftig-feinen Fresken, die allergepflegtesten Gärtchen. Geranien, Fuchsien, Begonien, die von allen Balkonen herunterblühten …

Briana liegt ja in der gleichen wilden, abweisenden Landschaft wie alle Dörfer dieses Tals – aber irgendwie scheint dort alles leichter zu sein. Möglicherweise kommt es daher, daß es am Eingang zu einem Seitental des Acquaverde-Flusses gelegen ist, die Landschaft sich dadurch dem Auge offener darbietet.

Man sagt ja, daß eine Landschaft den Menschen prägt. Auf Briana trifft dies wohl zu: Mir scheinen auch die Leute offener, freier. In Briana gibt es noch die Schule, es gibt also den Lehrer. In Briana gibt es noch den Pfarrer, also auch die Pfarrköchin. In Briana gibt es noch ein bißchen Industrie, Granitsteinbrüche.

In Briana gibt es einen jungen Ziegenbauern, den Elio, den ich ganz besonders ins Herz geschlossen habe, weil er immer vergnügt ist, weil er mit seinem Lockenhaar hübsch anzusehen ist – und weil er arbeitet wie ein Berserker. Kann sich einer vorstellen, was es heißt, Besitzer einer Herde von über hundertzwanzig Ziegen zu sein, sie allein zu melken, ihren Stall allein sauberzuhalten, sie allein auf die Alp zu treiben, zu melken, zu käsen, zu heuen? Wo es junge Leute vom Schlage Elios gibt, da darf man hoffen.

Brianas Sindaco – der Bürgermeister – war während Jahren der jüngste aller Schweizer Bürgermeister. Mir scheint das Rezept vorzüglich, dort, wo die Jugend abzuwandern droht, ihr die Sorge um die Gemeinde in die Hand zu legen. Ein junger Gemeindevorsteher versteht es logischerweise besser,

seine Altersgenossen für die Belange der dörflichen Gemeinschaft zu interessieren und um sich zu scharen.

Auf die Gefahr hin, von einigen Mitbewohnern in Froda deswegen nicht mehr gegrüßt zu werden: der Kirchturm, der in der hiesigen Gegend zum Symbol der dörflichen Politik geworden ist, die dann hierzulande «campanilismo» heißt und zum Teil schauerliche Blüten treibt, jener symbolische Kirchturm ist in Briana ein ganzes Stück niedriger als anderswo.

Daß Briana an seine Zukunft glaubt, beweist das im nächsten Herbst offiziell einzuweihende Gemeinschaftswerk: das Centro Sociale. Ein Dorf, das kein Ladengeschäft für die lebensnotwendigen Dinge hat, trägt logischerweise den Verdienst, den dieses Geschäft böte, an einen andern Ort. An einen Ort mit Supermarkt und Parkplätzen.

Im ganzen oberen Tal gibt es keinen Bäcker. Deshalb beschlossen die Leute von Briana auch den Bau einer Bäckerei mit einer Wohnung für die Bäckersfamilie. Ein paar wenige ältere Einwohner waren gegen dieses Projekt. Da kam jene Resignation zum Vorschein, die einen Außenstehenden wie mich immer wieder erschreckt.

«Wir sind zu wenig Leute hier. Der Bäcker wird von seinem Verdienst nicht leben können. Folglich ist es besser, die ganzen hochfliegenden Pläne fallen zu lassen.»

Sie wurden trotzdem verwirklicht – aber die Zweifel der Gegner des Projektes schienen doch berechtigt zu sein. Ich weiß nicht, wieviele Inserate in den Tessiner Zeitungen erschienen sind, daß Briana einen Bäcker sucht. Ich weiß bloß, daß einfach keiner gefunden werden konnte. Genau so, wie sich ein Jahr vorher keiner fand, der das Ristorante Froda übernehmen wollte. In beiden Fällen bekam man moderne, betriebsbereite Einrichtungen sozusagen auf dem Silbertablett präsentiert – und doch wagte sich niemand daran. Aus Angst vor dem Winter vielleicht. Aus Angst, während langer Monate wenig, zu wenig zu verdienen. Vielleicht auch aus Angst vor der ins Unerträgliche anschwellenden Arbeit während der Sommerzeit.

Im Juli sollten die Bauten beendet sein. Noch im März waren die Stellen des Bäkkers und der Verkäuferin unbesetzt.

Im Riesenstoß meiner Leserbriefe lag das Schreiben eines jungen Bäckers namens Martin, der mich anfragte, ob ich ihm zu einer Stelle auf dem Lande verhelfen könnte. Egal welche Arbeit es auch sei – er wolle seine beiden Kinder nicht in der Stadt aufwachsen sehen.

Martin wurde zum neuen Bäcker von Briana gewählt.

Er und seine Frau Barbara waren einige Male zu Besprechungen hier. Mich brauchte man als Dolmetsch, denn die beiden konnten kein Italienisch. Mag sein, sie haben mich anfänglich ein bißchen ausgelacht, weil ich sie beinahe auf den Knien anflehte, in möglichst kurzer Zeit möglichst viel Italienisch zu lernen.

Unser tägliches Brot

◁ *So sieht ein Tessiner Holzbackofen aus.*

Martins und Barbaras erste paar Monate hier müssen ein Martyrium gewesen sein. Infolge der ungünstigen Witterung wurde die Fertigstellung des Baues um etliche Monate verzögert. Martin hatte seine Stellung in der deutschen Schweiz gekündigt, seine Wohnung aufgegeben. Übertrieben formuliert: er stand eines schönen Tages da mit seiner Familie, mit dem gesamten Hausrat, konnte aber noch nicht einziehen, geschweige denn backen.

Damals habe ich gelernt, daß es etwas noch Wichtigeres gibt, wenn man hierher kommen will, als italienisch sprechen: Improvisieren können.

Anfänglich wohnte nun Martins Familie in Froda in einem recht hübschen Ferienhaus. In einem allerdings, das keine Waschmaschine hat. Martins beide Kinder brauchen aber noch Windeln.

Martin fand Arbeit bei einem Bäcker in der Nähe von Locarno. Es muß schon mühsam sein, einen so langen Arbeitsweg zu haben bei normalen Arbeitszeiten. Ich wagte nicht zu fragen, wann er aufstehen mußte, um seine Arbeit nachts um elf Uhr aufzunehmen. Ich sah ihn bloß hie und da heimkommen, bleich und nervös. Ich machte mir Sorgen um ihn. Tagsüber zu schlafen war wahrscheinlich inmitten der eigenen Kinder und derjenigen der umliegenden Ferienhäuser gar nicht möglich.

Da hatte Martin die größte aller Glanzideen:

In dem Weilerchen, in dem sich Martins provisorische Unterkunft befand, ist ein Holzbackofen. Barbara suchte Holz im Wald, Martin buk Holzofenbrot. Er brachte mir ein Muster ins Lädeli. Ich verteilte Versuchsportionen, nahm Bestellungen auf. Wir schrieben Plakätchen: Hier Holzofenbrot. Täglich um 10.30 Uhr frisch.

Ein paar Tage später änderten wir das Plakätchen:

Hier Holzofenbrot. Täglich um 10.30 Uhr und 14.30 Uhr frisch.
Die zwanzig Kilogramm, die Martin aufs Mal backen konnte, reichten nicht aus. Und am Samstag gab es auch noch Butterzöpfe. Martin bereitete den Brotteig im Wohnzimmer zu, währenddem Marco dort in einer Ecke selig schlief.
Unser Holzofenbrotgeschäft florierte, daß es eine wahre Freude war. Auch Rina in Roviso wünschte in ihrem Negozio Martins Brot zu verkaufen. Martin und Barbara bestritten, nein, das ist kein schönes Wort, sie erbuken sich so den Lebensunterhalt bis zum langersehnten Augenblick, wo sie in ihr neues Haus, in die blitzblanke, mit allen Schikanen eingerichtete Bäckerei einziehen konnten. Das war im November neunzehnhundertachtzig.
Nun mußte sich Martin noch Neues einfal-

◁ *Martins Brot und Buttergipfel. Schmatz!*

len lassen, denn nun war er in die allerflauste Jahreszeit hineingeraten. Hier in Froda brauchten wir kaum mehr als fünf Kilogramm Brot pro Tag.

Martin buk also Buttergipfel (für Nichtschweizer: Butterhörnchen). Die besten Buttergipfel, die man sich vorstellen kann. Für uns, die wir in der Zeit vor Martin gewohnt waren, zum Frühstück das Brot des Vortages zu essen, weil der Bäcker, der weit unten im Tal das Brot für uns buk, erst am späten Vormittag kam, war dies sozusagen ein Hauch der großen, weiten Luxuswelt.

So wie ich mir für Gualtieros Heidelbeeren den Kopf zerbrach, tat ich es nun für Martins Bäckerei. Er konnte zum Beispiel Pizzen vorbereiten. Oder Teigwaren herstellen. Oder so viel «Torta da pang» – Brottorte – backen, daß es sich lohnte, ein Versandgeschäft zu eröffnen.

«Ich habe schon daran gedacht, ein ‹Acquaverdebrot› zu kreieren, mit Kastanien drin, weißt du», sagte Martin. «Aber ich habe jetzt schon so viel Arbeit, daß wir uns ernstlich überlegen müssen, eine Hilfe für mich einzustellen.»

Zu Weihnachten hatte er – ich weiß nicht wieviele Kilogramm – Panettone gebacken, den die Leute hier ihren Verwandten nach Amerika und Australien zu schicken pflegten. Daß es nun wieder in Briana hergestellten Panettone gab, war für viele so etwas wie eine echte Sensation.

Dann wurde Martin krank. Mich wundert's nicht. Er hatte sich überarbeitet. Da standen wir nun ohne Bäcker – und ohne Brot. Ein winzig kleiner – aber immerhin ein Notstand!

Der Bäcker bei Locarno, bei dem Martin anfänglich eine Zeitlang gearbeitet hatte, lieferte uns nun sein Brot. Es kam mit dem Postbus. Dann machte abwechslungsweise irgend jemand Brotverteilung: am Samstag

der Lehrer, am Montag der junge Mann, der den Schulbus fuhr, am Dienstag waren's Susi und ich, vom Mittwoch an rissen sich die Frauen, die gerade bei mir einen Spinnkurs besuchten, um dieses wichtige Amt.

Den schlußendlich wiederauferstandenen Martin feierten wir wie einen König. Sein Brot und seine Gipfel waren die besten.

Und dann stürzte sich Martin in die Fabrikation von Fastnachtsgebäck. Der Carnevale stand vor der Tür.

Nun sind wir aber klüger. Dani und Heidi werden Martin als Lehrling/Assistent/Putzhilfe beistehen. Er darf nicht mehr krank werden.

Martin, wir brauchen dich –
so wie das liebe Brot.

◁ *Der Holzbackofen von Cortino.*

▷ *Das Forellen-Susi.*

Susi und die Fische

Susis Fischzucht liegt – genau wie unser Haus – auf der Seite des Flusses, die mit dem Auto nicht zugänglich ist. Ursprünglich war die Anlage so geplant, daß die Forellen vom Ei an dort produziert werden sollten. Die Finanzen, um auch den Zuchtraum wieder instand zu setzen,hat Susi aber noch nicht. Sie entschloß sich, zehn Zentimeter lange Regenbogenforellen einzukaufen und zu mästen. Das dauert in unserem kalten Quellwasser etwa vier Monate. Die Fische wurden geliefert, in Zisternen mit Sauerstoffpumpe, umgeladen in einen verschließbaren Schubkarren, den man raschmöglichst über eine arg schwankende Hängebrücke schieben und in die Bassins entleeren muß. Das ist Schwerstarbeit. Für ihre erste Lieferung mußten zwanzig Schubkarrenwege gemacht werden.

Die Fische waren gegen einhundertfünfzig Gramm schwer, als Susi mit dem Verkauf begann. Ich sah sie verstohlen im Schuppen herumwühlen, ein Stecklein, eine Schere und einen kupfernen Putzlappen in einen Kessel einpacken. Dann verschwand sie wortlos. Genau denselben Ausdruck im Gesicht wie damals, als sie sich mit Fränzi entschlossen hatte, Hühner zu töten.

Nach geraumer Zeit kam sie zurück, fünf Fische im Eimer. Ihre linke Hand blutete. «Das ist das Schwerste bei meinem neuen Beruf. Lieber hätte ich den Stecken über meinen eigenen Kopf geschlagen.»

Man kann es wohl nie ganz mitfühlen, wie es ist, ein lebendes Wesen zu töten, wenn man nicht schon selbst vor diesem Entscheid gestanden hat.

Inzwischen – so glaube ich – ist Susis Abscheu vor dieser Arbeit nicht mehr so grundtief. Eines aber erlaubt sie nie und niemandem: ihr beim Töten der Fische zuzuschauen.

Also: Susis Geschäft florierte. Die Fische waren nun gute zweihundert Gramm

schwer. Da fragte einer meiner Leser, ob Susi gerne einen Räucherofen hätte. Er könne ihr einen besorgen.
Geräucherte Forellen – mmmh.
Im Ofen haben pro Mal zwölf Fische Platz. Sechs davon lieferte Susi täglich zu Hanne ins Ristorante Froda, sechs wickelten wir sorgfältig in Plasticpapier ein und präsentierten sie unter einem Fliegenschutzdeckel im Botteghino – im Lädeli.
Dumm. So ging das nicht. Die Kunden sahen die eingehüllten und zugedeckten Fische nicht – oder zumindest zu wenig – wir aßen einige Tage lang geräucherte Forellen, denn verderben lassen wollten wir sie nicht.
Geräucherte Forellen – nicht mehr so mmmh.
Dann kam uns der Zufall zu Hilfe. Gerade doppelt.
Susi räucherte ihre Fische diesmal nicht frühmorgens, sondern so gegen halb zwölf

Uhr. Der Botteghino war voller Touristen, die sich mit Proviant versahen.
Das Holzofenbrot, das Martin vor kurzem geliefert hatte, duftete verführerisch. Susi öffnete ihre Räucherkammer. Nun kam zum Duft des Brotes auch derjenige der Kräuter, mit denen Susi ihre Forellen würzt. Auch uns selbst lief das Wasser im Munde zusammen. Ihre zwölf Fische waren im Hui ausverkauft. Für die Lieferung an Hanne mußte der Ofen nochmals angeheizt werden.
Inzwischen gab Hanne ein Protesttelefon durch. Wo blieben die Rauchforellen? Ich tröstete sie. Neue Leute waren unterdessen im Lädeli, hörten zu, wünschten die sagenhaft gute Speise ebenfalls zu kosten ... Ach, es war ein Riesenspaß.
Geräucherte Forellen – wieder mmmh.
Aber es ist immer dafür gesorgt, daß die Bäume nicht in den Himmel wachsen. Die Fischbassins leerten sich zusehends. Gegen Mitte September würden alle Fische verkauft sein. – Was tun?
Susi fragte ihren Forellenzüchter-Berater.
«Neue Fische, bereits etwas größere, einsetzen.»
Diesmal war der Transport über die Brücke noch mühsamer. Es waren größere und somit schwerere Fische. Aber in etwa sechs Wochen würden sie schon groß genug für den Verkauf sein.
Ein paar Tage später kam Susi schreckensbleich zu mir. In ihrem Kessel lagen etliche schwarz verfärbte Forellen. Sie hatten tot im Bassin gelegen, und weitere Tiere hätten, ebenfalls schwarz verfärbt, aber noch lebend, unten auf dem Grund geschwommen.
«Ich glaube, ich weiß, was sie haben. Aber hoffentlich täusche ich mich.»
Susi packte die Tiere ein, schickte sie per Expreß zur Untersuchung. Ihre Bedenken waren berechtigt gewesen.
Forellenseuche heißt die Krankheit.
Und es gibt keine Medizin dagegen.
Im Amtsblatt wurde publiziert, daß in Susis Forellenzucht die Seuche herrschte. Wir bekamen ein amtliches Schreiben, daß sie innert einer Woche die Fische zu liquidieren habe, mit den entsprechenden Vorsichtsmaßnahmen, damit weder ein kranker Fisch noch dessen Abfälle in den Fluß gelangten. Ein einziger tröstlicher Punkt war dabei: solange die Fische lebten, waren sie absolut genießbar.
Wie schafften wir es aber, innert einer Woche gegen einhundertzwanzig Kilogramm Forellen (armes Susi, das sind sechshundert Fische) zu verkaufen? Denn

Der Fischräucherofen vor dem Lädeli im Betrieb. Kundin Isabel hat sechs Fische bestellt.

die noch vorhandenen großen Tiere waren von der Seuche genauso befallen, wie die neuen kleinen.
Eine Detailhandelsfirma übernahm sie, nachdem sie sie in ihren eigenen Labors nochmals eingehend untersucht hatte.
Susi mußte jeweils am Morgen früh um acht Uhr vierzig Kilogramm Forellen, am Vorabend getötet und gereinigt, abliefern. Wir bildeten zwei Forellenputzmannschaften. Susi tötete die Fische, je zwei schnitten die Fische auf und je zwei entfernten die Innereien unter dem fließenden kalten Wasser. Eiskaltem Wasser. Wen es interessiert: Zum Reinigen von sechzig Forellen arbeiteten wir zu zweit eine Stunde. Sechzig Forellen gleich zwölf Kilogramm.
Rechne: Wie kalt waren unsere Hände, bis vierzig Kilogramm geputzt waren?
Rechne weiter: Wie groß ist dann der Appetit auf
a) gekochte, b) geräucherte Forellen?

Vorsätze – nicht bloß an Silvester zu fassen

◁ *Die Kirche von «Froda».*

Da saß ich also in der Silvesternacht, müde, irgendwie deprimiert, dachte über das vergangene Jahr nach, auch über das, das kommen wird. Eines meiner Pflegemädchen bereitete mir schwere Sorgen. Diese wiederum färbten ab auf meine Gesundheit. Da begann sich offensichtlich ein Rad in der falschen Richtung zu drehen. Sorgen, Krankheit. Ich war mißmutig geworden. Ich hatte Mühe, den Neid und damit die Verleumdungen einiger Mitmenschen zu ertragen. Das wiederum führte vielleicht dazu, mich ungeschickt zu benehmen.
Silvester ist wohl ein ganz gewöhnlicher Tag – aber doch einer, wo man beim Klang der Mitternachtsglocken innehält, rückwärts und vorwärts schaut. Nur, bei uns im Dorf wird zum Jahresanfang nicht mehr geläutet.
Susi, Helen und Marco beschlossen mitten in unserer Feier, daß dies heuer anders sein müsse. Schon zum Zeichen, daß in Froda nun auch im Winter Leben eingekehrt sei. Ich habe sie nicht gefragt, ob diese Idee entstand, weil sie meine Traurigkeit spürten.
Und so klang denn das Festgeläute aller vier Glocken durch die Nacht. Ein paar Sterne funkelten. Ich riß mich zusammen. Ich hatte meinen Leitspruch für das soeben angebrochene Jahr gefunden, oder soll ich sagen, wieder gefunden:
Positiv sein!
Eine meiner ersten Arbeiten im neuen Jahr war es, einen optimistischen Zeitungsbeitrag für die Leser einer Tageszeitung zu verfassen, die regelmäßig meine Beiträge veröffentlicht. Ich wollte für sie jene Glokken läuten, die Susi, Helen und Marco für mich hatten bimmeln lassen.
Festgeläute.
Ich sandte meinen Presse-Briefumschlag weg – zusammen mit unendlich vielen Neujahrskarten. Dann geschah nichts

mehr, bis die Redaktion mich im Februar anfragte, wo denn mein Januar-Artikel geblieben sei. Meine Zeilen waren irgendwo untergegangen. Das schien mir symbolisch. Öffnet man heute eine Tages- oder Wochenzeitung, kreuzt positive Berichte an ...
wie sehr verschwinden sie in Artikeln über Trauriges, Negatives.
Eigentlich hätte ich mich ärgern sollen. Ein verlorener Zeitungsartikel ist auch ein verlorenes Honorar.
Er gab mir aber auch den Anstoß, meinen Vorsatz zu verstärken. Er ist nicht neu, auch nicht originell, eigentlich einer, dem ich schon seit vielen Jahren – bis vor kurzem – treu war:
Ich will positiv sehen, denken, handeln, SEIN. Ich will auf Gutes hinweisen. Ich will nicht einfach kritisieren, auch wenn mich jemand oder etwas nervt. Nicht nur in meinem täglichen Leben. Auch in dem, was ich, ob es nun in einem Buch oder einer Zeitung sei, berichte.
Kritisierer vom Dienst gibt es schon übergenug.
Hat sich schon jemand Gedanken darüber gemacht, wieviel Hoffnung uns weggenommen wird, wenn die Massenmedien die «kritischen Berichte» über alles und jedes hochjubeln? Einer, der über Zufriedenheit schreibt, ist eben altmodisch, gar nicht «in». Zertrampelte Träume, niedergetretene Sehnsüchte – und vor allem denkt kaum einer an unsere Jugend, die nicht mehr lernen darf, zu hoffen.
Die vorstehenden Gedanken wurden also zum Inhalt meines Zeitungsbeitrages. Das Schöne an Zeitungsarbeit ist das sofortige Echo.
Hier eines:
«Als ich Ihren letzten Bericht las, war ich mit Ihnen traurig. Heute möchte ich Sie trösten.

Ich weiß nun auch, wie so ein Leben tut. Gut, heute bin ich anerkannt. Man bewundert mich. Zu meiner Art Leben müsse man geboren sein. Man schätzt mein stets sonniges Lächeln. Nun kommt unsere Gemeinsamkeit. Wir haben hart, sehr hart gearbeitet, an das Gute geglaubt. Ich habe oft auf dem Klo sitzend geheult vor Müdigkeit, vor Einsamkeit. Sie können sich vielleicht an einem gefreuteren Ort ausweinen!
Auch bei Ihnen sieht man nur das Schöne. Die heile Welt. Sie wurden überflutet. Mit allerlei. Daß auch Neidhammel darunter sind, ist klar. Aber weil wir beide tatsächlich nicht ausschließlich zu unserem eigenen Wohl leben und arbeiten, tut uns dies weh. Mich hat Ihr Artikel froh gemacht. Sie sind, wie ich auch, selber daran, das Negative zu verarbeiten, positiv umzuwerten. Sie wollen nur noch positiv schreiben. Aber wohin gehen Sie dann mit dem Negativen? Die Leser wollen eine heile Welt.
Liebe Frau Rüegg, die innere Kraft, Negatives zu verarbeiten, bringt uns selber die heile Welt.
Ich hoffe ganz fest, daß wir zwei in ganz verschiedenen Situationen dies können. Denn viele Menschen zehren von dieser unserer Kraft.
Ich sehe dies, wenn ich da und dort ganz bescheiden von uns und den Kindern plaudere. Es gibt Impulse, das Gute immer wieder hochzuhalten ... »
Die innere Kraft, Negatives zu verarbeiten, bringt uns selber die heile Welt.
Wie sehr habe ich über diesen Satz nachdenken müssen. Die innere Kraft. Und woher nehme ich denn die?
Eine Konfirmationsfeier hat mir die Antwort gegeben. Mein Patenkind Sibylle hat sich einen wunderbaren Spruch ausgewählt:
«Alles ist möglich dem, der glaubt.»
Ich bin glücklich für Sibylle. Wer sich an

dieses Wort hält, der hat sie, jene innere Kraft – und weiß zudem, woher sie kommt. Ihr wird nichts mangeln.

Was ich daraus gelernt habe: Mich viel tiefer in jenes Buch hineinzulesen, zu versenken, aus dem dieses Zitat stammt. Die Bibel nämlich.

◁ *Hier oben sitzt Marino, wenn er sein Glockenspiel für uns bimmelt.*

▷ *So sah Cortino im ersten Jahr meines Hirtenlebens aus.*

Cortino – klingt wie ein Märchen

An keinem andern Ort habe ich so viel geträumt wie in Cortino. Cortino. Klingt nicht der Name wie das Echo eines Harfenakkords? Wie manchen Wanderer sah ich dort schon verzückt stehen bleiben. Dort gibt es nichts, aber gar nichts, das dem Auge wehtut. Kein Wellblechdach, keine elektrischen Drähte, keine Pflanze, die nicht hierher gehört. Nur: das Dach des Brotbackhäuschens zerfällt, ein paar Häuser und Ställe sind nur noch Ruinen, die hölzernen Balustraden, die sich dem ersten Stock der beiden stattlichen Wohnhäuser entlang ziehen, zerfallen. Einige Türen sind verschwunden, an den noch verbliebenen fehlen die Schlösser.

Cortino gehört einem Tessiner Buchhändler. Er kaufte den ganzen Weiler mit etlichen Hektaren Weideland und Wald, damit hier nicht auch Ferienhäuser entstünden. Mir gab er das Weiderecht und ermöglichte mir damit überhaupt die Milchschafhaltung. Von einem Teil der flachen Wiesen durfte ich Heu gewinnen. Der Weg von Cortino zu mir – etwa eineinhalb Kilometer – schien mir zu weit, um das Heu auf meinem Buckel heimzutragen. Deshalb beschloß ich auch, mir einen Esel zu kaufen. Dies in ganz kurzen, trockenen Sätzen der Beginn eines Abenteuers, das immer noch weitergeht.

Während des ersten Jahres meiner Laufbahn als Schaf- und Eseltreiberin war ich auch Hirtin. Im zweiten Jahr trat ich diese meine liebste Beschäftigung teilweise an meine Hausgenossin Susi ab.

Ich setzte mich irgendwo unter einem Baum auf einen Stein, strickte, las oder schrieb – oder träumte. Ich versuchte mir vorzustellen, wie Cortino ausgesehen haben mochte, als es noch bewohnt war. Vierzig Jahre waren das her. Ein Felssturz hatte damals ein paar Häuser und Ställe zerstört.

Ich suchte mir vorzustellen, wo die Gärten angelegt waren, ja sogar, welche Blumenarten darin geblüht haben mochten. Gewiß auch Beeren. Johannisbeeren, Himbeeren, Brombeeren. Ich versuchte, mir auszumalen, wo wohl der Hühnerhof gelegen, wo man Kaninchen, Schweine gehalten hatte. Ich roch ihn, den Geruch nach frisch gebackenem Brot. Ich hörte eine Kuh muhen, ich hörte Kinderstimmen – aber die kamen von einer vorbeiwandernden Schulklasse. Ich sann meiner Geschichte von Cortino nach. Einer Geschichte mit Menschen, alten, jungen. Und was immer mit Menschen verknüpft ist: Komödie, Tragödie, Liebe, Haß, Neid, Güte, Opferbereitschaft, Undankbarkeit, Pläne, Hoffnungen, Luftschlösser, Enttäuschungen.

Wenn ich Marinos Mittagsgeläute hörte, lockte ich meine Tiere mit einem Stückchen Brot; wir zogen nach Hause, begleitet von Hund Bona und dem roten Fritzlikater.

Dann kam Marco zu uns. Erst als Student der Agronomie, dabei unglücklich, weil er Bauer sein wollte, der mit der Erde zu tun hat – nicht mit Bürokram, Büchern und Papier. Er sattelte schließlich um, machte seine Lehre als Landwirt, besuchte – und besucht immer noch – die Landwirtschaftliche Schule. Nächstes Jahr wird er eidgenössisch diplomierter Landwirt sein.

Ich wußte, daß Marco nach Pachtland Ausschau hielt und zeigte ihm Cortino. Marco lernte den Besitzer kennen. Kurz und gut: Er konnte schließlich Cortino pachten.

Meine Träume vom Leben in Cortino nahmen nun andere Formen an. An die Stelle vom Leben, das einst war, trat das Leben, das dereinst dort sein wird. Die Personen tragen nicht mehr Zoccoli, Gewänder aus grober Wolle oder Leinen, sondern Blue jeans und T-shirts. Die Gärten aber, die werden dieselben sein, die Tiere wohl auch, und es wird wiederum Gemüse geben und

◁ *Ich mußte mich an ihn gewöhnen, jenen Traktor, der Benzingestank auch auf unsere Seite des Flusses brachte. Aber ohne ihn wäre die Arbeit auch für willige Leute zu mühsam.*

Beeren. Marco will Himbeeren, Brombeeren und Johannisbeeren pflanzen.

Marco mit seinen Himbeeren ist ein Gegenstück zu Gualtiero mit seinen Heidelbeeren. Marco ist einer, der alles, was er tut, genaustens plant. Himbeeren wählte er, weil es hier viele wilde Beeren dieser Art gibt und weil er den Heidelbeerpflanzern keine Konkurrenz machen wollte. Um genau die richtigen Sorten zu finden, ließ er den Boden untersuchen, informierte er sich bei der landwirtschaftlichen Beratungsstelle.

Die sechs ihm dort empfohlenen Qualitäten früher, mittelfrüher und später Beeren waren in der Schweiz nicht lieferbar, wohl aber in Frankreich. Marco pflügte das für die Beeren vorgesehene Grundstück. Mein Gott, wieviele Steine fand er darin!

«Macht nichts», sagte Marco, «Steine wärmen den Boden. Das brauchen die Beeren.»

So war denn das Beet oder das Bett für sechshundert Beerenstauden bereit, die Pflanzen wurden abgeholt, verzollt, gepflanzt. Der Lieferant hatte sich beim Zählen der Pflanzen geirrt. Anstatt sechshundert waren es siebenhundertfünfzig. Nochmals pflügen. Nochmals Steine wegräumen, nochmals Wasser schleppen, nochmals pflanzen.

Der Boden in Cortino ist mager. Für seinen biologischen Gemüsebau brauchte Marco Mist. Viel Mist. Den gab es im Gemeinschafts-Schafstall. Bloß anderthalb Kilometer von Cortino entfernt – aber auf der andern Seite des Flusses. Über den Fluß gibt es eine begeh-, aber nicht befahrbare Brücke.

Achttausend Kilogramm Mist hat Marco mit dem Schubkarren über die Brücke transportiert, auf seinen Traktor verladen und in Fuhren auf seinen Gemüseacker gebracht. Er tat mir leid, wenn ich vom Haus aus hinunterschaute und ihn Karren

Altes Gemäuer, moderne Anbaumethoden ...

... die die Landschaft nicht verschandeln, entfernt werden, sobald sie ihren Zweck erfüllt haben.

um Karren schieben sah. Aber der Mistberg verminderte sich doch zusehends – und wenn Marco schweißgebadet zum Essen erschien, ein Liedlein vor sich hinpfeifend, dann bedauerte ich nicht mehr ihn, vielmehr diesen und jenen, der in irgend einer Werkstatt oder einem Büro hockte und nur vom Landleben träumte. Allerdings wußte jener nicht, wie weh einem dabei die Muskeln tun können.

Schön für Marco wär's gewesen, hätte er einen Kollegen gefunden, der ihm half. Zu zweit einen Riesenberg Arbeit in Angriff nehmen, ist zehnmal einfacher.

Da kam Paul.

Paul ist Holländer. Er machte Ferien in der Schweiz. Bei Remo. Remo schickte ihn zu mir. Eigentlich bloß, um mir seine Grüße auszurichten. Paul blieb hier. Erst, um Hanne im Ristorante Froda als Kellner beizustehen. Dann übernahm er die Rolle des zweiten Kochs dort und verliebte sich in Regula, die Köchin. Wann genau er und Marco zusammentrafen, weiß ich nicht. Auf alle Fälle steckten die beiden immer häufiger die Köpfe zusammen. Sie brüteten über Gartenplänen, über Samenkatalogen, sie schrieben Briefe.

Ich hörte Gesprächsfetzen. Paul zu Marco:

«Nein, da nimmst du besser die mittelfrühe Sorte ...»

Paul ist Gärtner.

Ganz zaghaft fragte mich Regula letzthin: «Hast du etwas dagegen, wenn ich in Cortino auch ein kleines Ladengeschäft eröffnete. Wir könnten dann den Wanderern Gemüse direkt vom Beet verkaufen, Beeren von den Stauden ...»

«... ja, und den Holzbackofen könntet ihr wieder instand stellen, Martin hat dieses Jahr keine Zeit für Holzofenbrot. Was ihr nicht verkauft, bringt ihr in unser Lädeli. Ich weiß jetzt schon, daß viele letztjährige

Kunden wieder kommen, weil sie Martins Holzofenbrot kaufen wollen.»
Für mich gibt es nur ein Ziel: mit jenen jungen Leuten, die genügend Idealismus, aber auch genügend gesunden Menschenverstand mitbringen, solches Land zu bebauen, solche Betriebe wiederzubeleben, die niemand mehr wollte.
Stolz bin ich auf die drei von Cortino. Aber das brauchen sie nicht zu wissen.
Und den Daumen halte ich ihnen, damit ihr Unternehmen gelinge.
Das sage ich ihnen.

Regula als Bäckerin. Ihr Brot mundet!

Frühlingsmorgen

◁ *Milchschafhaltungspraktikantin Heidi. Die beiden hintersten Lämmchen hat sie zu ihrem zwanzigsten Geburtstag geschenkt bekommen.*

▽ *Wie lange dauert es noch, bis sie auch eigene Kaninchen besitzt?*

Der Frühling hat begonnen! Vor drei Jahren steckten wir am 21. März noch tief, tief im Schnee. Heuer aber spielen die Lämmer auf den Wiesen, die bereits ein zaghaftes grünes Schimmerchen ziert. Glück im Stall haben wir gehabt. Neun Milchschafe warfen einundzwanzig Jungtiere. Sechsmal Zwillinge, dreimal Drillinge. Nun warten wir noch, was uns das zehnte Schaf beschert.

Heute morgen habe ich auf der Haustreppe gesessen, habe meine Tasse Kaffee getrunken und Heidi zugeschaut, wie sie ihre Morgenrunde machte.

Zuerst das Entenställchen, das ein Besucher letzten Herbst liebevoll zimmerte. Eins, zwei, drei, vier. Schön der Reihe nach watscheln sie zum Teichlein, von dem ich immer sage, daß Evelyn sich damit ein Denkmal gesetzt hat. Einer Ente beim Morgenbad zuzuschauen, ist die allerbeste Medizin für Morgenmuffel. Da wird ge-

Fido beim Morgenbad.

Die Trutenmamas mit ihren Entenküken.

▷ *Ein blühender Kirschbaum, Ställe, ein schiefes Häuschen. Schafe, Hühner, Enten, Truten, Kaninchen. Hier wird gelebt!*

taucht, da werden die Flügel geschlagen, rasch ein paar Paddelschläge, wieder tauchen, es spritzt und pflotscht und pflättert (welch schöne Sprache ist doch unser Schweizerdeutsch!).
Heidi stellt das Futter hin, öffnet den Trutenstall. «Elf Eier liegen schon im Nest!»
«Glu-Glu, wägg-wägg, quak-quak», tönt es. Dann auch noch «Kikerikiii». Die Türe zum Hühnerstall ist nun offen. Unsere braunen Hühner hüpfen über die Treppe, eines gackert bereits mit jenem Ton, der ein gelegtes Ei verkündet. Unser Bonahund bellt, wedelt mit dem Schwanz, weil er Olimpio erkennt. Dieser geht mit einem hochbeladenen Heukorb, ein Kesselchen mit einer Tränkflasche in der Hand, bei uns vorbei zu seinen Ziegen.
Der Vorhang, den wir nachts vor den Kaninchenställen herunterlassen, quietscht, weil Heidi ihn aufzieht. Nun werden die Kaninchen gefüttert. Ich weiß, daß Heidi nachschaut, ob auch dort Nester für zu erwartende Jungtiere gebaut werden. Ich habe ihr erklärt, worauf sie achten muß.
«Wunderbar, wie das eingerichtet ist», sagt sie, als ich ihr schildere, daß eine Kaninchenmutter zuerst mit Strohhalmen ein Nest bereitet und sich dann Bauchhaar auszupft, um das Innennest zu polstern und gleichzeitig die Zitzen freizulegen.
Wunderbar auch, daß die Truthenne ihre bereits gelegten Eier jeden Tag dreht, damit die Schnüre, die den Dotter in der Eimitte halten, nicht erlahmen.
«Wunderbar auch, daß ein Schaf sein neugeborenes Lämmchen leckt», ergänzt Heidi. «Damit nimmt die Mutter den Geruch ihres Kindes auf und erkennt es auch unter vielen anderen.»
Heidi setzt sich neben mich. Gemeinsam schauen, hören, riechen, genießen wir unsern ganz gewöhnlichen, wunderbaren Frühlings-Morgen.

Ein Theater besonderer Art

◁ *Ziegenzüchter Olimpio. Wir wissen, wie mühsam seine Arbeit ist. Um so mehr schätzen wir seinen Optimismus.*

▽ *Unser Seppli-Truthahn, beste Alarmanlage, die sogar vorbeifliegende Flugzeuge meldet.*

In meinem kleinen Haus herrscht nun, kurz vor Ostern, so viel Ferien-Kinder-Betrieb, daß meine Schreibarbeit nicht richtig vorwärts gehen mag. So bin ich ausgezogen ins ehemalige Pfarrhaus, das unserem Haus genau gegenüberliegt. Ich habe meine Schreibstube in der Küche. Hier konzentriert zu arbeiten, ist aber schwierig. Immer wieder hebe ich meinen Blick, sehe genau, was auf der andern Flußseite, bei uns drüben geschieht. Im Augenblick ist es wie in einem Theater mit drei übereinanderliegenden Bühnen. Zuoberst sehe ich Olimpio, der von seinen drei Ziegenställen hinunter zum Brunnen geht, einen Kessel in der Hand. Dann hüpfen einige Ziegen über die schon saftig grüne Wiese. Ich wette, daß Olimpio jetzt lauthals singt.

Auf der mittleren Bühne brodelt es. Susi hat Odivios Schafen die Stalltüre geöffnet. Sie fressen Kleie vorm Stall, ergießen sich

◁ *Das Fritzli Goldschätzli. Der Name ist doch berechtigt.*

dann wie ein Strom über die von Mauern umsäumten Wiesen.
Noch weiter unten steht Emilia. Sie gestikuliert, wirft die Hände in die Luft, diskutiert mit zwei Leuten, die ein Hündchen bei sich haben. Hier wette ich, daß sie jenen Leuten eine Strafpredigt hält, weil man Hunde – solange die Schafe auf der Weide sind – nicht frei laufen lassen soll.
Beim Geflügelhof stehen ein paar Leute, bewundern unsern Seppli-Truthahn, der sein Rad schlägt und so laut kollert, daß ich es bis hierher höre.
Beim Haus wimmelt es. Vermutlich tragen Maya, Fränzi und Yvonne ihr Frühstücksgeschirr in die Küche.
Ein rotes Pünktchen kauert auf einem Zaunpfahl. Unser Fritzli Goldschatz.
Susi geht nun vom Stall zum Haus, bleibt beim roten Pünktchen stehen. Ich weiß ganz genau: jetzt schmust sie mit Fritzli.
Eine halbe Stunde später kommt sie hierher, setzt sich auf den besonnten Kirchplatz, numeriert Fotos, schreibt meine immer wieder korrigierten Entwürfe ab und um und rein und reiner.
«Macht nichts», sagt sie stoisch. «Dafür werde ich braun. Das können nicht alle, wenn sie tippen.»
Liebe, kleine, sonnenbeschienene, grüne, von Vogelgezwitscher erfüllte Welt! Ich mag dich so gerne, daß mein Geist sich hier wohl immer herumtreiben wird – auch wenn ich schon längst gestorben bin. Vielleicht verwandle ich mich dann wieder in eine Katze und begleite den, der die Glocken läutet, bis zur Kirche, setze mich auf die Mauern des Pfarrgartens, putze mein Fell, schaue hinüber auf Wiesen, Haus und Ställe, wo es hoffentlich auch dann noch glückliche Menschen und Tiere gibt.

Wiesenblumen

Bloß eine Wiese?

Ich mag mich noch so genau erinnern an die erste Feuerlilie, die ich in Olimpios Wiese entdeckte: ich hatte beim Frühstück unterm Nußbaum gesessen, hatte meine Augen schweifen lassen vom Fluß zum Wald, zu den Häusern, der Kirche, zu Emilias Schafstall ... Dort leuchtete irgend etwas feuerrot. Hatte jemand ein Taschentuch verloren?

Nie betrete ich eine Heuwiese. Das hat mir mein Vater beigebracht, ich glaube, bevor ich überhaupt gehen konnte.

Olimpios Wiesen sind nicht Wiesen, wie wir sie heute oft gewohnt sind. Solche, wo einfach Gras wächst, weil die tausendfältige Pracht der Wiesenblumen durch Kunstdünger zerstört worden ist. Hier blüht es noch in allen Farben. Hier summen Bienen und Hummeln, schaukeln Schmetterlinge in allen Schattierungen.

Hier blüht auch jene Blume, die an bevorzugter Stelle auf den Plakaten geschützter

▽ *Die Hummel zeigt es: Distelnektar schmeckt.*

▷ *Das alte Hängebrücklein, das auch diesem Wasser trotzte.*

Pflanzen prangt: das vermeintliche Taschentuch war eine Feuerlilie. Ich bat meinen Vater und Olimpio um Verzeihung, ging, die Füße hoch hebend, um das Gras nicht zu zertrampeln, zur Lilie. Ich wollte sie von nahem betrachten können. Sie war gar nicht die einzige ihrer Art. Ringsum war es voller Knospen. Es gab Stengel mit vier, fünf und mehr Blüten. Nie hätte ich es gewagt, auch nur eine einzige zu pflücken. Ich war ob meiner Feuerlilienentdeckung so glücklich, wie wenn ich einen geheimen Schatz gefunden hätte. Begehe ich einen Fehler, wenn ich verrate, daß eine so seltene Blumenart hier einfach inmitten von Günsel, Graslilien, Kerbel, Sauerampfer, Schafgarbe und Farnkraut wächst? Werden nun Leute kommen, um die Blumen zu sehen – und um die Wiesen zu zertrampeln?

Hochwasser

Lieblich kann man hier höchstens Blumen und junge Tiere nennen. Alles andere ist kantig, knorrig und wild. In der Natur fürchte ich mich vor nichts außer vor dem Hochwasser. Vor drei Jahren erlebte ich das – so sagen die Einheimischen – seit Urzeiten schlimmste. Es begann morgens um sieben Uhr. Susi und Fränzi verreisten genau zu jener Stunde, ließen mich mit dem «kleinen Luzi» allein. Der «große Luzi» ist mein Bruder, der «kleine» mein Vetter. «Klein» heißt er bloß wegen der Verwechslungsgefahr. Sonst ist er ein lang aufgeschossener Bursche. Damals war er siebzehn Jahre alt und begeisterter Eishockeysportler.

Wir winkten den beiden Ferienfahrerinnen nach, setzten uns an den wohlbefrachteten Frühstückstisch. Luzis Hunger nimmt oft schauerliche Formen an. Ein Donnerschlag ließ das Haus erzittern, bald darauf folgte ein Hagelschauer. Dem mit Steinplatten bedeckten Hausteil konnte dieser nichts anhaben. Das mit Tonziegeln bedeckte Wohnzimmer aber begann zu rinnen. Wir ließen Kaffee, Brot, Brötchen stehen, rannten nach Eimern, Schirmen, Plastictüchern, Putzlappen, Zeitungen. Luzi versuchte aufs Dach zu klettern, um aufgeschnittene Kehrichtsäcke zwischen die Ziegel zu klemmen. Der Gewitterregen war so unheimlich stark, daß er sein Vorhaben wieder aufgab. Immerhin stellte er fest, daß der Hagel mehr als zwanzig Ziegel zerbrochen hatte. Man frage nicht, wie pudelnaß er dabei geworden ist. Wir kehrten zurück ins Wohnzimmer, in dem es nun nicht nur von der Decke tropfte. Aus der hinteren Ecke sprudelte ein Bächlein, so daß der Boden bereits fußhoch mit Wasser bedeckt war.

Wir organisierten uns: ich bedeckte den Boden mit Frottiertüchern. Die saugen am besten. Luzi wand sie aus. Ich leerte die

Tausend Wasserfälle für so viel Wasser ...

vollen Wasserkessel und begann mein Werk von neuem. Es wurde ein Tageswerk. Mittags strömte es. Gegen Abend strömte es. Wir waren von der Umwelt abgeschnitten. Unser Haus steht auf einer Rippe. Rechts tobte ein Wildbach. Links tobte ein Wildbach.

Zum Glück hatten wir die Tiere vor dem Beginn des Unwetters besorgt. Auch zu ihnen konnten wir nicht mehr.

Pierino machte mir Sorgen. Er stand allein im Stall. Ich hatte wohl die Türe offengelassen. Aber Esel mögen Wasser nicht. Was, wenn das Wasser in den Stall drang? Wenn vielleicht das Dach nicht dicht war? Würde er drinnen bleiben, ertrinken?

«Esel sind gescheit», sagte mein inneres Stimmchen.

«Hoffentlich ertrinkt Pierino nicht», sagte Luzi beinahe gleichzeitig.

«Koste es, was es wolle, wir *müssen* nachsehen.»

… daß die Bäume darin ertrinken.

Ob Luzi oder ich das entschied, weiß ich nicht mehr. Ich weiß bloß, daß man mit Glück und einem sportlich gestählten Vetterchen gerade noch knapp davon kommt, wenn man in einen etwas mehr als meterbreiten und halbmetertiefen Wildbach fällt. Luzi sprang auf einen Stein, der in der Mitte des Baches herausragte. Er war der Ansicht, wir hätten beide darauf Platz, und hielt mir die Hand entgegen. Hätte ich die Übung ohne das zwischen uns brodelnde Wasser machen müssen, wäre sie ein Kinderspiel gewesen. So aber sprang ich zu zaghaft – oder zu mutig –, glitt aus, das Wasser riß mich um. Luzi sprang neben mich ins Wasser, zog mich ans Land. Ich hustete, hatte den Mund und die Augen voller Sand und Erde. Wir trieften, waren erschrocken.
«Solch ein Scheißbächlein hat eine derartige Wucht», wunderte sich Luzi. «Meiner Mama erzählen wir das aber nicht, sonst darf

ich nie mehr zu euch kommen», beschwor er mich. «Aber wenn wir schon einen Schutzengel haben, wird er auch für Pierino sorgen.» – Und so war es.

Wir entwässerten weiter unseren Wohnraum, standen während der Verschnaufpause unter der Türe, schauten zum Fluß. Das Hängebrücklein hielt tapfer stand. Beim Mittelpfeiler stob die Gischt hoch in die Luft.

«Also sowas», sagte Luzi immer wieder. «Wer das nicht mit eigenen Augen gesehen hat, kann es einfach nicht glauben. Soo viel Wasser aufs Mal. Wenn wir es doch wenigstens fotografieren könnten.»

«Die Fotos machen wir dann morgen», tröstete ich ihn.

«Wenn wir bis dann nicht doch wie die Mäuse ersoffen sind», beruhigte er mich.

Dann sinnierten wir, ob viel Schnee oder viel Wasser unangenehmer sei. Luzi entschied:

«Hochwasser ist das Schlimmste. Vor Schnee kann man sich möglicherweise noch retten. Fällt aber einer in einen Wildbach, der nur ein bißchen breiter ist als unserer, ist er verloren.»

Allmählich ließ nun der Regen nach. Wir wollten nicht schlafen gehen, bis wir bei den Tieren nachsehen konnten, ob alles in Ordnung sei – und bis wir die Schafe melken konnten. Die Tiere sind es gewohnt, daß wir diese Arbeit beinahe sekundengenau alle zwölf Stunden besorgen. Nun waren es schon beinahe vierzehn Stunden.

Wir verbrachten nun unsere Zeit, indem wir Schach spielten. Wer verlor, mußte den Boden auftrocknen. Einmal war unsere Partie so interessant, daß wir es nicht merkten, bis wir beide bis zu den Knöcheln im Wasser saßen. Wir beschlossen ein Remis und entfernten dann einträchtig zum wievielten Male das Wasser.

So sauber wie damals ist der Boden und bin ich selbst seither nie mehr geworden.

Gegen Mitternacht klarte es auf. Innert einer halben Stunde ging das Wasser so weit zurück, daß wir auf der rechten Seite des Hauses Hühner, Kaninchen und Esel und auf der linken Seite des Hauses die Schafe besorgen konnten. Am andern Morgen ging ich Luzi zuliebe an den Fluß, um für seine Mutter Fotos zu machen. Der Wasserfall, der «Froda» heißt, verstob seine Gischt so weit, daß es wie eine Wolke aussah. Und der Fluß war immer noch so tobend und hoch, daß wir es nicht wagten, die Brücke zu betreten. So entstanden die imposantesten Fotos leider nicht.

Erst jetzt dachte ich daran, daß im Bretterhüttchen bei der Brücke etwa einhundert Kilogramm Wolle der letzten Schafschur lagerten. Die waren nun bestimmt verschlammt und klatschnaß. Nun nützte es nichts mehr, irgend jemanden deswegen zu alarmieren. Erstens hatten sicher alle selbst genug zu tun, um das Wasser aus Kellern und aus leck gewordenen Räumen zu entfernen und zweitens war das Unglück nun schon geschehen.

Jenes Unglück hat im Tessin Millionenschäden verursacht. Etliche Menschen sind umgekommen. Wir kamen mit dem Schreck, Unmengen von nassen Kleidern und einem leicht angeschimmelten Wohnzimmer davon – und lernten gleichzeitig, wie liebe Nachbarn wir haben. Evelyn, Werner und Michi hatten all unsere Habe aus dem Bretterhüttchen beim Fluß rechtzeitig ins Trockene gebracht.

Schnee im Tessin

◁ *Auch im Schnee kann man beinahe ertrinken …*

▽ *… oder sich eben wieder hinausbuddeln.*

«Winter im Tessin, das interessiert niemanden.» Erika argumentiert so. Sie ist Bildjournalistin und muß das wissen.
«Schnee im Tessin – kommt nicht in Frage. Interessiert niemanden.» So die Vertreter meines Verlages, als ich diesen Titel für mein Winter-Buch vorschlug.
Bin ich stur, wenn ich diese Ablehnung nicht begreife? Oder bin ich bloß voreingenommen, weil für mich trotz all der Mühsal, die der Schnee mit sich bringt, Schnee im Tessin schön ist?
Gewiß, in den niedriger gelegenen Gegenden, wo Schnee nach ein paar Stunden zu Matsch wird, wo exotische Bäume unter der ungewohnten Last zerbrechen, wo niemand sich schneegerecht einrichten will, da mag der Winter unerwünscht sein.
Wenn ich aber meine Winterfotos durchschaue, überkommt mich sogar so etwas wie Heimweh nach viel Schnee. So viel wie in jenem verrückten Winter neunzehnhun-

Susi am Freitagmorgen ... und am Tag darauf.
Beide Male steht sie an derselben Stelle.

▷ *Keiner behaupte, Schnee im Tessin sei nicht schön!*

dertsiebenundsiebzig braucht es ja nicht zu sein. Als ich zum Beispiel das Foto von Susi machte, auf dem sie im gelben Straßenarbeiterkittel kühn unter dem Pfadfinderhut hervorschaut, wußte ich nicht, daß dies ein Dokumentarbild «vor dem großen Schnee» ergab. Einen Tag später stellte sie sich an dieselbe Stelle – diesmal, damit man die Höhe des inzwischen gefallenen Schnees besser würdigen konnte. Unser Schnee-Eßzimmer schaufelte sie aus, während Armin und ich beim Helikopter die für uns gebrachten Lebensmittel abholten.

Sich bei der Pergola einen Weg zu bahnen, wo der Schnee mehr als mannshoch war, war ein mühsames Unterfangen. Für derartige Schneemassen sollte man Schaufeln mit kurzem Stiel haben.

Das allerschönste Schneebild aber fand ich erst später. Es hängt in Rinas Ristorante in Roviso im Speisesaal. Ihr Bruder hat es aufgenommen – und damit jenen Zauber eingefangen, den nur das Tessin im Winter hat. Die zartgetönten Schattierungen der Mauern, der bleierne Himmel, die zusammengekuschelten Häuser.

Jener schwere Winter hat mich etwas gelehrt. Wenn man unter derart erschwerten Umständen leben muß, ja zeitweise von der Umwelt abgeschnitten ist, dann hält man viel stärker zusammen. Einer hängt vom andern ab. Man ist besorgt umeinander, hilft sich gegenseitig. Man vergißt irgendwelche blödsinnigen Kleinigkeiten, die einmal zu Zwist geführt haben. Schon lange bestehende Sympathien aber werden zu Freundschaften. Allein deswegen würde ich sogar einen weiteren schweren Winter in Kauf nehmen. Emilia allerdings, sie würde mir ob dieser verrückten Idee gehörig den Kopf waschen. Freundschaften hin oder her. Und dabei ist es besonders die Freundschaft mit ihr und ihrer Familie, die ich hier meine …

Der Wald brennt

▷ *Ausgerechnet an meinem fünfzigsten Geburtstag mußten wir ausrücken, um einen Waldbrand zu löschen.*

▽ *Wäre nicht das unheimliche Zyklopenauge, man würde nicht merken, daß der Baum brennt.*

▷ *Schwelendes Feuer, Rauch, der wie Schleier von tanzenden Elfen aussieht.*

Die Fotos, die Waldbrände zeigen, habe ich unter «Naturgewalten» eingereiht. Nach Hochwasser und Schnee. Ganz richtig ist dies nicht. Die beiden ersteren entstehen ohne Zutun des Menschen. Bei Waldbränden muß einer sein, der das Feuer entfacht. Selten ist es der Blitz. Meist aber ein Mensch. Sei es, daß er bloß eine Flasche im dürren Gras liegen läßt und das Glas dann als Linse wirkt, sei es, daß er achtlos ein Zündholz, eine brennende Zigarette wegwirft oder ein Picknickfeuer nicht sorgfältig genug löscht. Wäre es wohl wirksam, wenn man in Schulen, bei Pfadfinder- und Rekrutengruppen Filme von Waldbränden vorführen würde? Die Ursache eines Waldbrandes ist so winzig klein, die Wirkungen können so verheerend sein. Wo das Feuer nur schwelt, ist es faszinierend, in einem brennenden Wald herumzugehen, sogar Fotos zu machen. Die Rauchschwaden sehen aus wie die Schleier tanzender Elfen. Man ist so lange entzückt, bis man vor einem Baum steht, der von innen her verbrennt und wo das Feuer wie ein Zyklopenauge aus einem Astloch glüht.

Ich weiß, daß ich mich hier wiederhole. Aber die Wirkung auch kleiner Feuerlöschapparate ist frappant. Ein Leser hatte mir, wie er schrieb, «zwar altmodische» Feuerlöschapparate geschenkt, die man mit Wasser füllt und dann das Wasser mittels einer Druckluftbombe versprüht. Diese Apparate sind einfacher als Schaumlöschgeräte, weil leichter zum Brandherd zu transportieren. Nachteil: ist die Bombe in Betrieb gesetzt, muß der Apparat geleert werden. Unterbrechungen sind nicht möglich.

Bezüglich Bränden habe ich als Waldbrandgardevizekommandant eine «Déformation professionelle» und beobachte scharf bei jedem Rauch, ob er stationär bleibt oder sich ausbreitet und gelb wird. Dann droht Gefahr!

Wie ein Titelbild entsteht

◁ *Warnung an alle, die Fotos mit vielen Tieren machen wollen: eines läuft immer davon!*

«Schweine, das weiß ich ganz bestimmt, werde ich nie halten; sie sind zu intelligent, haben – so scheint mir – soviel Sinn für Humor, daß der Moment, sie zum Schlachter zu bringen, für mich zu gräßlich ist.» Diese These vertrat ich seit Jahren.

Und dann geschah es eines Tages, daß ich ein Ferkel geschenkt bekam. Unverhofft und unvorbereitet. Es saß in einer halbmeterlangen Kiste, grunzte mich an, schnüffelte und zwinkerte mit seinen Äuglein einen schweinischen Willkommensgruß. Es war ein Weibchen. Eventuell konnte man es als Zuchttier verwenden. Wobei dieser Ausweg ein feiger ist. Die Kinder unseres Schweinchens waren ja dann schließlich auch wieder Fleischlieferanten. Vorsichtshalber beschlossen wir gemeinsam, das Schweinchen nicht mit einem Namen zu versehen. Dafür bekam es dann schließlich gleich deren zwei. Susi sagte ihm «das Gusi», weil man im Bernbiet die Schweine so nennt. Ich glaube, es war Sylvia, die das Tierchen mit «sucksuck» lockte, worauf es jeweils brav angerannt kam. So wurde das Gusi auch noch «das Sucksuck». Oder Suggsugg?

Während der ersten Woche beließen wir es nachtsüber in seiner Kiste im Stall bei Susis Zicklein, den Waisenlämmern und den Eseln. Dann kam der Moment, wo es fähig war, aus seinem Behältnis herauszuklettern, allen Mitbewohnern des Stalles das Futter zu zerwühlen und wegzufressen. Das Gusi hatte das Kommando über sämtliche Tiere, die in seine Reichweite kamen, übernommen. Es verjagte die Alpschafe, indem es quietschend und grunzend hinter ihnen herjagte. Es versuchte, gegen das Zicklein zu boxen. Sogar die Esel behandelten die rosarote Wurst mit entsprechendem Respekt.

Das Gusi entwickelte sich zu einem Tyrannen. Nichts und niemand war vor ihm

Oh, wie wohl ist's mir als Esel!

mußte neu eingelegt werden. Nach neuerlichem Weglaufen, Wiedereinsammeln, Warten auf die Sonne, wollten Bona und das Lämmchen nicht mehr. Das Gusi wünschte weiteres Futter, um bei guter Laune gehalten zu werden.
Kurz vor Sonnenuntergang geschah dann jener «Schnappschuß», der den Buchumschlag ergab. Leser, die mich nach dem Grund meines gequälten Lächelns fragen, die wissen wollen, weshalb keine Katzen, keine Hühner, Truten und Kaninchen auf dem Bild sind, haben hier eine hoffentlich genügend begründete Antwort.
Und ich bin eher dafür, keine Fußballmannschafts-Fotos mehr zu machen.
Die Tier- und Torhüterin darf, wenn sie will, hier ebenfalls eine Ansicht kundtun: «Das Manuskript ins Reine zu schreiben war viel weniger mühsam, als schließlich ein ordentliches Titelbild zu fotografieren. Zum Glück mußten wir nicht auch noch einem Ball nachrennen, wie es bei zweibeinigen Fußballmannschaften der Fall ist!»

Esel

Wenn ich noch so genau suche: kein einziges Foto finde ich, wo ein bockender Esel zu sehen wäre. Esel sind eigenwillige Tiere. Für mich sind sie sogar ein Testbarometer für den Seelenzustand eines Menschen. Ich hatte schon etliche psychisch geschädigte junge Menschen bei mir. Nicht einer war fähig, mit den Eseln umzugehen. Dreinschlagen, wenn sie nicht wollen, bewirkt bloß Ungehorsam. Freundliche Strenge, eine vor die Nase gehaltene Möhre oder ein Apfel – und unsere beiden gehorchen. Es sei denn, sie sollten über die Brücke gehen. Ich vermute, dies kommt von ihrer Wasserscheu.

Wir werden das Rezept dafür, wie man ein derartiges Problem löst, extra für Eselhalter, die mit ähnlichen technischen Schwierigkeiten zu kämpfen haben, auch noch im Bild festhalten. Ich weiß jetzt schon, daß wir lauter lachende Zuschauer um uns herum haben werden. Nelli verschonen wir. Sie wird dafür ihrem Pierino so laut nachrufen, daß ganz Froda deshalb zusammenläuft. – Woher ich das weiß?

Susi und ich hatten eines schönen Sommersonntags die geniale Idee, zusammen mit Pierino bei Odivio einen Besuch abzustatten, um gemeinsam ein Bier zu trinken. Odivio und Pierino sind dicke Freunde. Odivio geht sogar so weit, Pierino «il mio caro fratello – mein lieber Bruder» zu nennen. Wir wanderten zur Hängebrücke. Die ersten paar Schritte zogen wir Pierino wie abgebildet mittels eines Hosengurtes, dann lief er freiwillig mit. Am Ende der Brücke aber war ein etwa metertiefes Loch quer zum ganzen Weg ausgehoben. Umkehren konnten wir nicht. Die Brücke ist zu schmal. Wir brachten Pierino wohl ins Loch hinein, brauchten aber stundenlange Bemühungen, bis er endlich auf der andern Seite wieder herausgeklettert war. Dann folgte er uns brav über die Straße, treppauf

△◁ *Ziehen … und stoßen.*

zum Steintisch, der vor Odivios Haus steht.

Odivio war zwar zu Hause, fühlte sich auch sehr geehrt ob unserm Besuch – bloß Bier hatte er keins. Das war ihm schon vor ein paar Tagen ausgegangen. Pierino bekam dafür ein Stück Brot, wir eine Tasse Kaffee. Dann marschierten wir heimwärts, diesmal auf der oberen neuen Brücke, wo es kein Loch zu überklettern gab und wo Nelli, verzweifelt rufend, bereits auf uns wartete.

▷ *Pierino hat's begriffen und Nelli wartet auf ihn.*

Die dicken Freunde …

Unsere Exkursion hatte genau dreieinhalb Stunden in Anspruch genommen.
Merke: wenn du auf ein Bier zu Odivio gehen willst, laß Pierino zu Hause.
Susi ist – nach Nelli natürlich – Pierinos dickste Freundin. Ihr aber folgt auf dem Fuße Vitus, mein Neffe. Der Esel und das Kind machen Reiterspiele miteinander. Mehr als am Rücken mit einem Rütchen gekitzelt zu werden, braucht Pierino nicht, um sich vorwärts zu bewegen. Die Gangart allerdings, ob es nun Schritt oder Galopp sein soll, die bestimmt der Esel, nicht der Reiter. Vitus' lammfrommes Gesicht täuscht. Er wähnt sich nämlich hoch zu Esel als «lies Sioux –, sprich Sirup-Indianer.»

... und der Sirup-Indianer. Das Engelsgesicht ist bloß eine Kriegslist!

Die heile Welt

◁ *Über jedem Schaf, das in der schräg einfallenden Wintersonne weidet, schwebt ein Heiligenschein.*

Hier Auszüge aus einem Brief, den ich heute erhielt:
«Letzten Montag stattete unsere Familie Ihrem Laden in Froda einen Besuch ab. Anschließend wollte die jüngste Tochter noch die Schafe besichtigen auf der Weide. Dabei wurde sie überraschend von einem Schaf angegriffen und umgeworfen. Nebst schmutzigen Kleidern und Schuhen wies unsere Tochter Gesichtsverletzungen auf vom Angriff des Schafes. In Ihrem Laden erkundigten wir uns nach Ihnen, damit wenigstens sofort die Wunden im Gesicht gereinigt werden konnten sowie eventuelle Haftpflichtansprüche geregelt werden konnten. Sie waren nicht erreichbar.
... In der Notfallabteilung ‹La Carità› in Locarno wurden Röntgenaufnahmen gemacht. Zum Glück wurden ‹nur› Quetschungen sowie eine Hirnerschütterung festgestellt.
Nach Aussagen von zwei Arbeitern ist dieser Zwischenfall mit Schafen kein Einzelfall in Froda. Die Arbeiter rieten uns, daß dieser Unfall von der Haftpflicht übernommen werden sollte. Wir verzichten aber darauf. Sie werden sich fragen, warum wir Ihnen dann den Vorfall melden. Für uns ist das Ganze ein sehr enttäuschendes Ferienerlebnis, weil wir alle bis jetzt ausgesprochene Kathrin-Rüegg-Fans waren. Alle Ihre Bücher haben in unserer Bücherwand einen Ehrenplatz.
Wenn wir aber über diesen Zwischenfall ein wenig Distanz gewonnen haben, tauchen doch einige Fragen auf, ob Ihre heile Welt in den Büchern mit der Wirklichkeit übereinstimmt ...»
Ja, die heile Welt. Gibt es die irgendwo auf dem Planeten Erde? Gab es sie je?
Das Paradies, so wie es vor dem Sündenfall war, scheint mir dem Begriff am nächsten zu kommen. Dort lebten Löwen und Lämmer friedlich nebeneinander. In einer «nor-

◁ *Im Sommer ertrinken wir im Grün.*

malen» Welt aber, da verteidigen Schafbökke eben ihre Herde. Je öfter sie gereizt werden, desto heftiger reagieren sie. Das ist nicht nur hier so. Einer, der den Umgang mit den Tieren nicht gewohnt ist, sieht hüpfende Lämmer, friedlich grasende Schafe, *muß* sich von ihnen angezogen fühlen – und gerät dann umso mehr in Panik, wenn sich ein friedlich scheinendes Schaf in einen angreifenden, wütenden kleinen Stier verwandelt.

In Froda weiden nicht nur meiner, sondern etliche Schafböcke, denen ich mit entsprechendem Respekt und der geziemenden Vorsicht begegne. Unser Schafbock aber, der wird nach diesem Vorfall, und obwohl ich nicht weiß, ob er schuld daran war, morgen geschlachtet. Wir sind deswegen alle traurig. Ich will nicht, daß meiner Tiere wegen einem Kind die Ferienfreude verdorben wird, daß es vielleicht sogar Schaden leiden müßte.

Weshalb ich dieses Vorkommnis erzähle? Um alle Leser darauf aufmerksam zu machen, daß weder in Froda noch sonst, wo Schafe weiden, das Paradies ist.

Was soll man tun, wenn man angegriffen wird? Ums Himmels willen nicht wegrennen. Mit einer Rute oder einem Stock, notfalls mit irgend einem Gegenstand dem Tier vor der Nase herumwedeln, ihm ins Gesicht und auf die Beine schlagen. Es wird erstaunt blinzeln, stehen bleiben, abwarten, bis der vermeintliche Feind seiner Herde sich zurückzieht.

Nächsten Winter werde ich auf dem Fell unseres Schafbockes schlafen, wohl seine Wärme genießen und jeden Abend das Kind, das seinetwegen erschrecken mußte, um Verzeihung bitten.

▽ *Das Bild des Friedens kann täuschen. Kurz nach der Aufnahme hat unser Schafbock den Fotografen umgeschubst!*

▷ *Alles ist Herbst.*

Maria

▷ *Und was mich nun an Maria und Guido erinnert.*

Über «Leute» zu schreiben, gäbe ein Buch für sich. Auch wenn ich bloß über jene berichten würde, die ich ganz besonders ins Herz geschlossen habe.

Was ich beobachte – und was gewiß nicht bloß hier so ist: unter den alteingesessenen Familien herrschen – gottlob nicht überall – sozusagen jahrhundertalte Fehden und Antipathien, denen ein neu Zugezogener nicht ausgesetzt ist.

Maria und ich, wir mochten uns vom ersten Tag an gut. Sie strickte für mich kleine Deckchen mit unendlich komplizierten Strickmustern, die man, hatte man die Geduld dazu, Hunderte davon anzufertigen, zu Patchworkdecken zusammenfügen konnte. Wer ihr das beigebracht hatte, wußte sie nicht mehr. Vermutlich eine Verwandte, die diese Kunst in Amerika gelernt hatte.

Maria war sparsam. Sie fegte im Herbst den Wald über meinem Häuschen sozusagen blitzblank, trug Korb um Korb des dürren Laubes in ihren Schafstall, kletterte mit ihren beinahe achtzigjährigen Beinen behende über Felsbrocken und steile Wiesen. Wollte ich ihr eine besondere Freude machen, dann brachte ich sie zu ihrer Tochter ins Bleniotal. Wollte sie mir eine besondere Freude machen, dann brachte sie mir bewurzelte Zweige irgend einer Blume. Fragte ich sie nach dem Namen der Pflanze, sagte sie stets «un fiore» – eine Blume. Sie riet mir auch, wo ich sie setzen solle. Aus den Feuerlilien- und Türkenbundknollen, die sie mir vor bald zehn Jahren schenkte, sind ganze Blütenhorste geworden. Ich denke an Maria, wenn die Weigelia blüht, wenn die Clematis montana ihre Schleier wehen läßt ...

Maria und ihr Mann Guido müssen Leute gewesen sein, die sich von den andern hiesigen in etlichem unterschieden. Das fällt mir auch auf, wenn ich feststelle, daß

▷ *Die Kirche von Froda.*

mit ganz wenigen Ausnahmen hier nur auf jenem Land Fruchtbäume wachsen, das einst ihnen gehört hat.

Da gibt es unterhalb des Schafstalls einen Apfelbaum, bemoost, verknorpelt und verkrüppelt, der gewiß noch nie gespritzt worden ist – und der doch jedes Jahr über und über mit Früchten bedeckt steht. Mit solchen übrigens, die kaum wurmstichig sind und ein feines, säuerliches Aroma haben. Maria und Guido haben sich selbst unzählige Denkmäler in meinem Herzen gesetzt. Bäume und Blumen. Gibt es schönere?

Es gibt auch eine Kaminbank, die mich an Maria und Guido erinnert. Das Möbelchen ist aus dicken Lärchenholzbrettern roh gezimmert. Es ist niedrig, damit man sich auf der Seite ohne Lehne möglichst nah ans Feuer kuscheln kann. Ich hatte kurz nach Guidos und Marias Tod das Bänkchen im Schuppen stehen sehen, als ihr Sohn Odivio dort drin irgend etwas kramte und ich ihn wegen der kommenden Honigernte aufsuchte. Ich hatte es mit glänzenden Augen angeschaut und Odivio gesagt, es sei schade, ein so nettes Möbel im Schuppen zu lassen.

Am Tag vor Allerseelen fragte mich Odivio, ob ich ihm für die Gräber seiner Eltern einen großen, schönen Blumenstrauß aus meinem Garten binden könne. Odivio fährt mit dem Motorroller durchs Tal. Damit Blumen zu transportieren, geht schlecht. Und in seinem Garten hatte er alles bereits fein säuberlich für den Winter aufgeräumt.

«Pagando però – aber ich will bezahlen!» sagte er beinahe drohend.

«Wird gemacht», antwortete ich ihm, durchstöberte und plünderte meinen Blumengarten. Ich sehe den Strauß heute noch vor meinen Augen. Letzten Rittersporn, letzte Margeriten, Astern, alles was noch

blühte, vereinigte ich zu einem Gruß an die beiden Alten.
Ich brachte den Strauß in Odivios Haus.
«Und, was kostet dieses Prachtsstück?»
«Nichts», sagte ich. «Der Strauß ist für deine Eltern. Sie können mir aus der himmlischen Kasse nichts bezahlen. Denk doch, sie waren, solange ich sie kannte, so lieb mit mir, daß ich nun für einen Blumenstrauß unmöglich einen Preis verlangen kann.»
Odivio bedankte sich, brummte etwas Unverständliches. Ich ging nach Hause. Ein paar Minuten später keuchte er, das Bänkchen unter dem Arm, den Berg herauf zu mir.
«Da», sagte er barsch. «Wenn schon kein himmlisches Geld, dann eben eine irdische Bank.»
Würde ich aus meinem Haus gejagt, dürfte ich bloß das Lebensnotwendigste mitnehmen, das Bänkchen wäre dabei. Eine Lehne fehlt ihm vielleicht nicht nur, damit man sich an der Wärme eines Kamins besser wärmen kann. Noch mehr wärmt die Erinnerung an zwei liebe alte Leute.
Ciao Maria, ciao Guido – e grazie tante!

▷ *Unsere Emilia. Ein Gerlo, vollgestopft mit Heu, wiegt gute dreißig Kilogramm. Welche moderne Frau vermag es, dieses Gewicht über Stock und Stein bergauf zu tragen?*

Emilia

Hier ein Bild, wie man Emilia fotografieren darf. Sie wünscht nicht, sich zu zeigen, wehrt sich mit fuchtelnden Händen – wenn sie einen dabei hat, auch mit dem Stock – gegen Fotografen. Eine Fotografin, die anläßlich der jährlichen Versteigerung für die Kirchenkasse auf dem Kirchplatz nach dem Gottesdienst Aufnahmen machte, erwischte sie – und zwar mit dem Teleobjektiv. Emilia sieht sehr hübsch aus auf jenem Bild, ihre grauen Haare adrett zu einem Zöpfchen geflochten und zu einem kleinen Knoten gesteckt.
«Oh, welch grauenhaftes Bild», sagte sie zu mir. «Auf dem Foto habe ich viel mehr Runzeln als in Wirklichkeit. Daß du mir ja nie eine Aufnahme machst.»
Emilia ist viel zu energisch, zu resolut, daß ich es wagen würde, ihr mit Worten zu sagen, wie gern ich sie mag. Sie ist so etwas wie der Pfeffer und das Salz in unserm täglichen Leben. Ich kenne niemanden, der ein so feines Sensorium für meinen Gemüts- oder Gesundheitszustand hat wie sie. Es genügt, daß ich den Telefonhörer abhebe, mich mit «pronto» melde, daß sie fragt:
«Was fehlt dir?» Und dann fehlt mir wirklich etwas.
Manchmal gibt sie mir Ratschläge, die mir etwas verquer scheinen. Schlußendlich stellt sich aber meist heraus, daß sie recht hatte.
Susi hat Emilia am allerbesten definiert:
«Wenn die Emilia nicht schon wäre, dann müßte man sie erfinden.»
Könnte man dir ein schöneres Kompliment machen, liebe Emilia?

▷ *Ach, wie sehr mögen wir dich, liebe Emilia.*

Gualtiero

◁ *Gualtiero beim Spinnradbau …*

Wenn ich jenes Bild betrachte, wo Gualtiero in seiner Werkstatt an der Hobelbank arbeitet, stelle ich fest, daß auch Froda seine winzige Industrie hat. Gualtiero ist Drechsler und fertigt während der Wintermonate eine Serie von zehn Spinnrädern an. Es gehört zu unsern winterlichen Gewohnheiten, hie und da den Kopf in seine Werkstatt zu strecken, den Fortgang seiner Arbeit zu sehen. Viele Einzelteile hat ein Spinnrad. Sie herstellen, zusammenfügen, lackieren: eine große Arbeit. Gualtiero macht sie bedächtig. Schön eins nach dem andern. In Eile habe ich ihn überhaupt noch nie gesehen.

Gualtiero liefert uns auch sein Heu. Wie ärgert es mich, daß ich es unterließ, zu fotografieren, wie er die Heuballen bindet. So versuche ich, den Vorgang in Worten zu schildern:

Er legt zwei etwa drei Meter lange Heustricke auf den Boden. Heustricke haben am einen Ende ein weberschiffchenförmiges, etwa fünfundzwanzig Zentimeter langes, leicht gebogenes, in der Mitte mit einem Loch versehenes Holzstück. Quer zu den Heustricken legt Gualtiero im Abstand von etwa vierzig Zentimetern etwa meterlange, gerade Haselstecken. Darauf schichtet er nun sein Heu, preßt es gut zusammen, bindet es schließlich mittels der Heustricke so satt, daß Transporte ohne jegliche Heuverluste möglich sind. Vorher aber zieht er den Heuballen mittels eines Flaschenzuges in die Höhe und wägt ihn mit einer alten einarmigen Balkenwaage. Fünfunddreißig plus minus zwei Kilogramm sind sie schwer.

Der Anblick der Holzstricke mit ihren Holzenden erinnert mich immer an meine Jugend. Mein Vater brauchte genau dieselben. In Graubünden heißen sie «Spina». Dank ihnen kann man Heulasten mühelos mittels eines einfachen Knotens binden –

... und beim Heu binden im Bild.

▷ *Die Kornelkirsche (cornus mas). Ein Gewirr von Blättern und kirschenartigen Früchten, die wie Lämpchen an den Zweigen glühen.*

und den Knoten blitzschnell wieder lösen. Wer hat die «Spina» erfunden? Wann? Und wie kommt es, daß sie hier im Tessin auf genau die gleiche Weise angefertigt wurde wie in Graubünden, wie vielleicht noch an viel weiter entfernten Orten?
Bloß ein einfaches Hilfsmittel für die bäuerliche Arbeit. Eines, das während Jahrhunderten seinen Dienst tat – und in den nächsten Jahrzehnten bald nur noch in Museen zu besichtigen sein wird. Gepreßte Heuballen seien praktischer, argumentiert man. Bis auf zwei Kilogramm genau seien diese immer gleich schwer ...
Gualtiero braucht für seine Ballen Stricke, Stöcke, eine Waage. Ein moderner Bauer braucht für Heuballen einen Traktor, eine Ballenpresse. Ich weiß nicht, was jene Maschinen kosten. Eine fünfstellige Zahl gewiß. Aber ein moderner Bauer hat eben keine Zeit.
Gualtiero hat sie.

Das Kornelkirschenmarmeladegeschichtlein

Blühender Kornelkirschbaum. Im Hintergrund der Wasserfall, der Froda heißt.

Der allererste Baum, der hier blüht, ist die Kornelkirsche. Kaum schmilzt der letzte Schnee, bedecken schon unzählige winzige, goldgelbe Blütchen den strauchartigen Baum, der hier überall auf Wiesen, an Wegrändern gedeiht. Cortino ist übersät damit.

Wildfrüchte ernten ist für mich seit meiner Kindheit ein ganz besonderer Spaß. Meine Großmutter und mein Vater haben mir beigebracht, auf solche Schätze der Natur zu achten. Was man nicht sät und doch ernten darf, verdient besondere Aufmerksamkeit. Ob ich nun Holunder sehe oder Löwenzahn oder Brunnenkresse oder Pilze oder wilde Beeren: mich überkommt so etwas wie ein Jagdfieber. Ich packe in die entsprechenden Körbe die entsprechenden Werkzeuge und – auf geht's. Aber nicht so, daß ein Baum, ein Strauch, eine Wiese einfach geplündert werden von dem, was mir die Natur zum Ernten anbietet. Genau

Heidi beim Marmeladekochen.

wie bei der Jagd darf man nicht nur jagen. Man muß auch hegen. Auch das habe ich von meinem Vater gelernt.

Der letzte Herbst nun war der Herbst der Kornelkirschen. Die Bäume hingen voll mit ihren roten Früchten – die eigentlich gar keine Kirschen sind. Heidi, die bei mir erst ein halbjähriges, nun ein ganzjähriges Praktikum absolvieren will (Susi behauptet, Heidis Praktikum ende auch nach einem Jahr so wenig wie ihr vor dreieinhalb Jahren begonnenes ...), ist leidenschaftliche Marmeladenköchin. Ihr hat auch ein Berg von zweihundert Kilogramm grünen Tomaten keinen Eindruck gemacht. Sie kochte tagelang ein. Und eines Tages beschloß sie, nicht nur für unsern Bedarf, auch für das Lädeli Kornelkirschenkonfitüre herzustellen. Ein heldenhafter Entschluß. Bloß Hagebuttenkonfitüre gibt *noch* mehr Arbeit. Der Ertrag aus diesen Früchten ist gering, weil sie zur Hauptsache aus einem großen Kern bestehen, um den herum eine dünne Schicht – allerdings sehr wohlschmeckendes – Fruchtfleisch liegt.

Die Ernte selbst geschah auf einfachste Weise: ein großes Tuch unter den Baum legen. Dann Bäumchen rüttle dich, Bäumchen schüttle dich. Die Früchte erlesen, das Tuch in der Mitte zu einer Rutschbahn falten, den Segen in einen Korb leeren, wieder von vorne beginnen. Die Früchte hingen so dicht an den Bäumen, daß wir es nie und nimmer schafften, auch nur die Hälfte zu ernten. Mit dem großen Rest verpflegten sich die Vögel.

Wir schleppten heim. Heidi kochte die Früchte, trieb dann das Fruchtfleisch durch das Passiersieb, kochte den entstandenen Saft zu Marmelade. Tage-, wochenlang. Sie band um die Gläser, die zum Verkauf bestimmt waren, noch ein Trockenblumensträußchen.

Anfangs November weilte eine Fernsehmannschaft bei uns. Sie filmte für eine Schulfunksendung mit dem Ziel, Jugendliche auf Literatur aufmerksam zu machen, die weder den Jugendbüchern noch den Romanen zugeordnet werden kann. Der Regisseur saß während Stunden im Lädeli, unterhielt sich mit den Kunden, hörte unsere Verkaufsgespräche. Unter anderem auch über die Kornelkirschenmarmelade.

«Immer überlege ich mir», so sagte er nachdenklich, «wie ich Leute wie so viele deiner Kunden vor den Bildschirm bekomme. Leute, die natürliche Nahrung schätzen, den Wert handgesponnener Wolle, von Holzofenbrot, von Heidis Marmelade ... Woher habt ihr überhaupt das Rezept?»

«Ich weiß dieses von meiner Großmutter her.»

Daß ein Groschen in seinem Hirn fiel, sah ich seinem Gesicht an. Aber vorerst sagte er gar nichts, setzte sich wiederum in seine

Ecke, hörte zu, während ich Honig verkaufte und Eier und Käse.
Verstohlen sah ich zu ihm. Er hörte zu. Er dachte nach. Der gefallene Groschen hatte Rädchen in seinem Hirn zum Drehen gebracht. Seine Stirn zeigte Dackelfalten, glättete sich wieder.
«Nun sag mir schon, welchen Gedanken du nachhängst. Vielleicht kann ich dir helfen.»
«Wie wär's denn mit einer Fernsehserie, wo du über all das berichtest, was dir deine Großmutter beigebracht hat. Angefangen bei der Marmelade, über Kochrezepte, über Wildfrüchte, über Pilze ...»
«... über Heilkräuter, über Krankenpflege, über das Pendeln, über das Wollefärben, über Akupressur, über Wildspuren im Schnee, über natürliche Kückenaufzucht, über Graphologie, über den Werdegang der Wolle vor der Geburt eines Lammes bis zum gefärbten und gestrickten Pullover ...», ergänzte ich. «Es braucht ja keineswegs nur das zu sein, was meine eigene Großmutter mir beigebracht hat. Fiorente, die mich das Spinnen lehrte, war auch eine Großmutter; die Frauen von Roviso, die mir zeigten, wie man Wolle mit Pflanzen färbt, werden irgendwann Großmütter ...»
«... und dann finden wir weitere Großmütter, die uns Astrologie erklären, Großväter, die in Sternkunde Bescheid wissen ...»
«... und, und, und ...»
Vorerst planten wir das, was man, so lernte ich, eine Pilotsendung nennt. Rahmenhandlung: das Kochen eines Risottos. Ein noch zu findender Liedermacher sollte die Sendung musikalisch untermalen, Susi würde das Spinnen mit der Spindel zeigen, zum Risotto konnte ich einen Wildsalat aus den ersten Frühlingskräutern mischen. Mit einer Salatsauce, bei der geschmolzene Butter das Öl ersetzte. Unser Drehbuch wurde

Ich: versuch mal! *Werner: wähhh, sauer!*

Ich: Sauerampfer, gesund! *Werner: in dem Fall: gar nicht so schlecht!*

festgelegt. Susi und ich verreisten nach Baden-Baden.
Wir zwei in einer eleganten Stadt – und erst noch im Ausland!
Wir zwei in einem Riesenbetrieb, wie es der Südwestfunk ist. Das Angstgefühl einer Katze, die einen Diwan sucht, unter den sie sich verkriechen kann, überkam mich wieder einmal. Ich verirrte mich in unzähligen, gleich aussehenden Gängen, bis ich begann, mir die jeweiligen Fotos von Schauspielern einzuprägen, die an den Wänden hängen. Bei Gustav Knuth mußte ich nach rechts abzweigen, die Treppe bei Peter Alexander hochgehen, Caterina Valente links liegen lassen. So kam ich aufs Klo und das Ganze seitenverkehrt und rückwärts zurück.
Zur Kantine mußte der Weg an Mireille Mathieu und Vico Torriani vorbeiführen, sonst landete ich in irgend einem Schneide- oder Synchronisationsraum, anstatt dort, wo ich meinen Durst stillen und meine Stimme schmieren wollte.
In einem kleinen Tal, bloß zwei, drei Kilometer vom Fernsehgebäude entfernt, machten wir die Außenaufnahmen. Da gab es Brunnenkresse, Löwenzahn, Schafgarbe, Spitz- und Breitwegerich, Huflattich, Sauerampfer, Brennesseln. Alles nah beieinander. Unser Regisseur prüfte meine Kräuter abwechselnd mit Zustimmung und Abneigung. Da war viel Spaß dabei.
In einem riesigen Studio war eine altmodische Küche aufgebaut worden. Mit einem modernen Herd allerdings, und die Kuckucksuhr an der Wand fehlte.
Joana sang, Susi spann mit ihrer Spindel, lehrte Joana, wie man aus einer Kartoffel und einem Bleistift eine Spindel bastelt, damit zu spinnen versucht. Ich kochte Risotto, bereitete meinen Salat, Werner amtete als Moderator. Wir hatten so viel zu denken, zu kochen, zu lachen, zu tun, daß

▷ *Risotto kochen.*

Salatsauce mischen.

Susi zeigt Joana wie man spinnt.

wir die uns filmenden Kameras schließlich vergaßen.
Susi hatte die Aufgabe, zu demonstrieren, welche Hausmittelchen man bei Erkältungen anwenden kann: einen nassen Strumpf über den linken Fuß ziehen, einen mit warmem Schweineschmalz getränkten Lappen auf die Brust auflegen. Joana war für den Strumpf vorgesehen, Werner für den Brustlappen. Sie verwechselte die beiden Patienten. Der Film mußte abgebrochen und neu begonnen werden.
Dreimal habe ich schließlich mein Risotto gekocht, dreimal Salätchen gemischt. Schön dabei war, daß die Filmequipe sich jedesmal um meine Fertigprodukte riß.
Nach ein paar turbulenten Tagen kehrten wir ermattet heim. Ob unser Pilotfilm Anklang finden wird? Ob daraus wirklich eine Serie wird? Ich weiß es heute noch nicht. Ich weiß bloß, daß Städte, Riesengebäude mich bedrücken. Susi geht es offenbar ge-

nauso. Nachdenklich sagte sie auf der Heimfahrt:
«Lustiger wär's, wenn schon, dann bei uns ein Fernsehstudiölein zu haben. Eines, das in den Sommermonaten im großen Schafstall Platz hätte, dann, wenn er sowieso leer ist. Eines, wo man wüßte, ob draußen die Sonne scheint!»
Wir zwei wissen, wo wir hingehören. Mit oder ohne Fernsehen. Oder trotzdem.
Und die Ursache all dieser Erlebnisse, Erfahrungen?
Heidis Marmelade aus Kornelkirschen.

◁ *Hier wächst Brunnenkresse.*

▷ *Fritzli, sei bitte recht freundlich.*

Katzen

▿ *Die beiden Apparätchen auf Entdeckungsfahrt.*

▹ *Seppli Dick und Moses Flum, die beiden unzertrennlichen Brüder.*

Mein Onkel hat ein drolliges System, Leute zu beurteilen. Für ihn gibt es zum Beispiel die «Leute, die gerne Kutteln mögen». Das sind ganz besonders gemütliche, bodenständige Charaktere. Solche, die sich auch gerne zu einem Schwatz hinsetzen, ein Glas Bier trinken. Hier kommt es noch darauf an, ob einer sein Glas schnell oder gemächlich leert. Natürlich schätzt er die langsamen Genießer mehr. Eine andere Kategorie, die mit seiner Sympathie rechnen kann, sind diejenigen, die ein Mittag- oder Abendessen, bestehend aus Bauernbrot, Käse und Wein, allen raffinierten Kochkünsten vorziehen.

Ich argumentierte dagegen, daß er also einfach diejenigen Leute lieber mag, die beim Essen «seine Wellenlänge» haben. Wenn schon gleiche Speise, gleicher Trank als gut befunden wird, dann auch gleiche Einstellung zum Leben generell. Ob das stimmt? Schon oft habe ich ihm recht ge-

Ihre Majestät die Katze: Susi Stäubli.

ben müssen. Schon oft habe ich mich ertappt, daß ich beginne, die gleichen Klassierungen vorzunehmen.

Seit meiner Kindheit aber schon teile ich die Leute ein in solche «die Katzen gern haben» und solche, «die Katzen nicht riechen mögen». Dabei ist zu sagen, daß man auf Letzteres weder mich noch Katzen aufmerksam machen muß. Wir merken es von selbst.

Mir tut jeder Mensch leid, der das Erlebnis der Freundschaft mit einer Katze nicht haben darf, kann oder will. Freundschaft mit einem Hund zu schließen, ist viel einfacher. Ein Hund sucht die menschliche Nähe, unterwirft sich seinem Herrn, auch wenn er ihn unfreundlich behandelt.

Um die Freundschaft einer Katze aber muß man werben.

Die Katze will als eigenwillige Person respektiert werden. Sie ist nicht jederzeit und unbedingt bereit, der rufenden Stimme zu antworten, eine streichelnde Hand zu dulden. Sie geniert sich auch gar nicht, ihr Unbehagen fauchend und kratzend zu zeigen.

Ich mag Katzen desto lieber, je eigenwilliger sie sind.

Wenn ich den Stoß meiner Katzenfotos durchblättere, fällt mir auf, wie oft unser Fritzli abgebildet ist. Kommt es daher, daß seine goldrote Farbe jeden Fotografen entzückt, kommt es daher, daß er weniger scheu als meine andern Katzen ist?

Und während ich die Bilder betrachte, nehme ich mir vor, noch viel mehr Katzenfotos zu machen.

Mein Susi Stäubli blickt mich an, stolz, unnahbar. Ihre Majestät die Katze.

Das Bimbokind schaut mit unschuldig fragenden Augen in die Welt. Fräulein Bimbo Seidenglanz turnt auf einem verlotterten Zaunpfahl herum. Das Bild ist auf dem Monte Valdo entstanden.

◁ *Bimbo Seidenglanz, als sie noch ein Bimböli war.*

▽ *Fritzli auf der Lauer.*

Moses Flum und Seppli Dick haben sich im Geschirrschrank versteckt.

Fritzli spielt den Schelm, rollt sich am Boden, guckt in die Kamera wie einer, der das auf der Schauspielschule gelernt hat.

Die beiden weißen Katzengeschwisterchen, die Fränzi und Susi Emilia abgebettelt hatten, sehen aus wie ägyptische Katzentiere.

Mich wundert es nicht, daß Menschen einst Katzen als heilige Tiere verehrt haben. Ich tue es auf meine Weise auch, schreibe es hier sogar nieder im Bewußtsein, Kopfschütteln bei jenen zu erregen, die Katzen nicht gern haben. Schade, man verpaßt unendlich viel, wenn man Katzenfreundschaften und damit auch Katzenzärtlichkeit verschmäht.

◁ *Wir mögen uns sehr!*

▷ *Susi schiebt die Kugel wie ein Profi.*

Boccia

▷ *Pause am Rande der Bocciabahn.*

Wer in eine ländliche Gegend zieht, muß sich assimilieren wollen und können. Dazu gehört der Wille zur Anpassung an die Sprache, die Lebensweise, den Arbeitsrhythmus. Dazu gehören die Lieder, die Freizeitbeschäftigungen.

Sprachen und Lieder lernt man am besten, am schnellsten und am angenehmsten, wenn man mit jenen, die immer da waren, Feste feiert. Ein gemeinsames Mahl – und sei es noch so einfach – verbindet, schlägt Brücken.

Auf der Alpensüdseite gibt es eine weitere, höchst vergnügliche Art, sich Freunde zu machen: das Bocciaspiel.

Zugegeben, ich bin kein Profi, will auch gar keiner sein. Meist sitze ich am Rande der Bahn, schaue zu, höre zu, und vor allem – lache mit.

Es gibt solche, die zelebrieren ihre Partie sozusagen: Sie konzentrieren sich auf ihre Kugeln beinah mehr noch als Curlingspieler. Möglicherweise ist es bloß noch eine Frage der Zeit, bis auch beim Bocciaspiel die Bahn mit einem Beselein vor der Kugel her saubergewischt wird.

Mannschaftsspiele – und Boccia ist ein solches – sind für einen Zuschauer aufschlußreich. Wie verhält sich ein guter Spieler zu einem schlechten seiner eigenen Gruppe? Hat er Teamgeist? Ist er fähig, den Patzer eines Mitspielers zu ertragen?

Einige unserer Hausgenossen haben ausgesprochenes sportliches Talent. Susi oder Paul zuzuschauen, wie sie ihre Kugel werfen oder schieben, macht Spaß.

Und dann die Kommentare!

Auch der Ort unserer Bocciapartien soll nicht unerwähnt bleiben: das Grotto zuallerhinterst im Tal links. In der Nähe ist ein Wasserfall, der auch Froda heißt.

Miriam und Teresina, die beiden Serviertöchter, sind seit Jahren jeden Sommer hier. Mir scheint, sie wollen nie einen freien

Tag. Ihre Arbeit macht ihnen sichtlich Spaß – obwohl es in meinen Augen eher Schwerstarbeit ist, täglich von morgens elf bis abends zwölf Uhr Hunderten von Gästen Berge von Salametti, von Ziegenkäse, Schüsselchen mit Minestrone, Boccalini mit Rotwein zu bringen, dazu noch zu lächeln und all jenen, die sie kennen, ein paar freundliche Worte zu schenken.
Miriam, Teresina und das Bocciaspiel sind die Hauptgründe, weshalb wir gerne ins Grotto gehen. Die andern? Jeder soll sie selbst herausfinden: die vielen Annehmlichkeiten einer herrlichen Landschaft, unverdorbener Luft, eines vergnüglichen Abends in fröhlicher Gesellschaft.

◁ *Pauls Mannschaft führt.*

▷ *Wir brauchen keine Disco.*

Arrivederci!

Gabi und Susi. Die beiden können sich sehen und hören lassen.

Carletto, unser ganz persönlicher Louis Armstrong.

Hierbleiben – weggehen.
Wie viele Freunde und Bekannte habe ich schon kommen – und gehen sehen.
Jedesmal, wenn wieder einer vor mir steht, um Abschied zu nehmen, flüstert mir mein inneres Stimmchen zu:
«Und du – bist du dankbar genug, daß du dableiben darfst?» Und ich antworte ihm jedesmal:
«Dankbar genug kann ich gar nie sein. Aber ich kann mein möglichstes tun, jenen, die hierbleiben möchten – und die auch hierher passen –, den Anfang zu erleichtern. Wenn ich einst wieder als Katze auf dem Kirchhofmäuerchen sitze, sollen Menschen und Tiere da sein, nicht Ruinen. Um dankbar zu sein, hier leben zu dürfen, nehme ich fumo, freddo und sonst noch etliches in Kauf.»
Alles im Leben soll seinen Preis haben. Aber ist Marinos Glockengebimmel, ist ein Blick aus Fritzlis Schelmenaugen, ist die Aussicht auf den grünen, silbernen, goldenen Fluß auf irgend eine Weise zu bezahlen?
Am ehesten vielleicht, indem ich dich, lieber Leser, daran habe teilnehmen lassen.

◁ *Marinos Glockenspiel bimmelt dir zum Abschied.*

▷ *Letzter Blick auf den grünen, goldenen, silbernen Fluß.*

Eine Nachgeschichte zur Vorgeschichte

Mitte Juni neunzehnhunderteinundachtzig. Früher Morgen in Froda. Der Himmel ist von einem hellen, zaghaften Blau. Ob die Sonne heute scheinen wird? Wenn sie kommt, dann wird sie erst in dreieinhalb Stunden beim Haus anlangen. Sie wird zuerst die Bergspitzen streicheln, dann die Alpwiesen, dann den Wald, die Kirche mit dem Friedhof, dem Pfarrhaus. Heidi wird dann dort bereits im Garten arbeiten. Sie hat vor, die nun erstarkten Sonnenblumenpflänzchen der Mauer entlang zu setzen. Vor ein paar Tagen hat sie mir stolz auch das erste Radieschen gebracht.

In der Pfarrküche ist es jetzt schön warm. Rauch und Kälte sind vergessen. Gestern haben wir das gemacht, was man in der Fachsprache ein Layout nennt. Wir sind daran, mein Manuskript und die Fotos zu einem Buch zu verschmelzen. Eine faszinierende neue Arbeit für mich. Welche Bilder kann man welchen Bildern gegenüberstellen? Welche eignen sich für ganz- oder gar doppelseitige Reproduktionen? Rolf, der Fachmann vom Verlag, möchte bloß technisch ganz einwandfreies Material verwenden. Mir ist die Aussage eines Bildes die Hauptsache. Was macht es schon, wenn Marias Porträt nicht gestochen scharf ist? Die weichen Herbstfarben der kahlen Stämme, das Braungelb der Blätter in ihrem Tragkorb, das Muster ihrer Schürze, ihr gutes Altfrauengesicht sind doch wichtiger. Oder denke ich bloß so, weil ich Maria so gut mochte?

Bei Marias Bild ist Rolf zu einem Kompromiß bereit. Hingegen das Foto, auf dem Fido pflätteret, das müßte viel besser sein als dasjenige, das ich vorgesehen habe. Rolf ist selbst ein guter Fotograf mit einer tollen Ausrüstung. Also macht er sich daran, das Bild der badenden Ente nochmals aufzunehmen. Schon gestern hat er es versucht. Vergeblich. Fido hat es sich in den Kopf gesetzt, Rolf zu ärgern. Der Fotoapparat steht schußbereit auf dem Stativ. Rolf sitzt, mit einer Tasse Kaffee versehen, dabei und wartet und wartet auf Fido. Die Mädchen gehen ihrer Morgenarbeit nach, werfen hie und da einen mitleidigen Blick auf Rolf. Dann schauen wir uns heimlich an und kichern.

Susi hat ein unheimliches Talent, fremde Dialekte nachzuahmen. Rolf nachzuahmen, mußte sie besonders reizen. Er ist Norddeutscher und gibt sich gewaltig Mühe, schweizerdeutsch zu sprechen. Was dabei herauskommt, ist sozusagen ein neuer, absolut einmaliger Dialekt. Höchste Vollendung dieser Sprache ist Rolfs verzweifelter Ausspruch von vorhin: «Glaubsch, de Fido, dä Siech, dä hätti geflädderet?»

Ob sich Fido schließlich doch Rolfs erbarmt, wird der liebe Leser dann feststellen können, wenn er das Kapitel «Frühlingsmorgen» liest und die Bilder dazu anschaut.

Am Nachmittag werden wir wiederum an unsere Zusammensetz-Arbeit gehen. Bona wird zu unsren Füßen liegen. Heidis beide kleinen Kätzchen werden wieder durch den Raum kugeln, versuchen, an Rolfs Hose Kletterübungen zu machen.

Wie lange dauert es wohl noch, bis der Verlag seine Büros ins Acquaverdetal verlegt?

*

Gerne möchte ich alle meine Freunde, die mir Fotografien zur Verfügung gestellt haben, vor meinem Namen als Urheber dieses Buches auf die Titelseite bringen. Ohne ihre Mithilfe wäre es ein Textbuch mit ein paar Bildern geworden. So ist es nun ein Bildbuch mit Text. Aus Bild und Sprache soll die Freude an schöner Landschaft, die Zuneigung zu Menschen und Tieren leuchten.

Dank also an alle, die mir halfen und helfen.